もっと上手に

斎藤　進　著

小さい畑

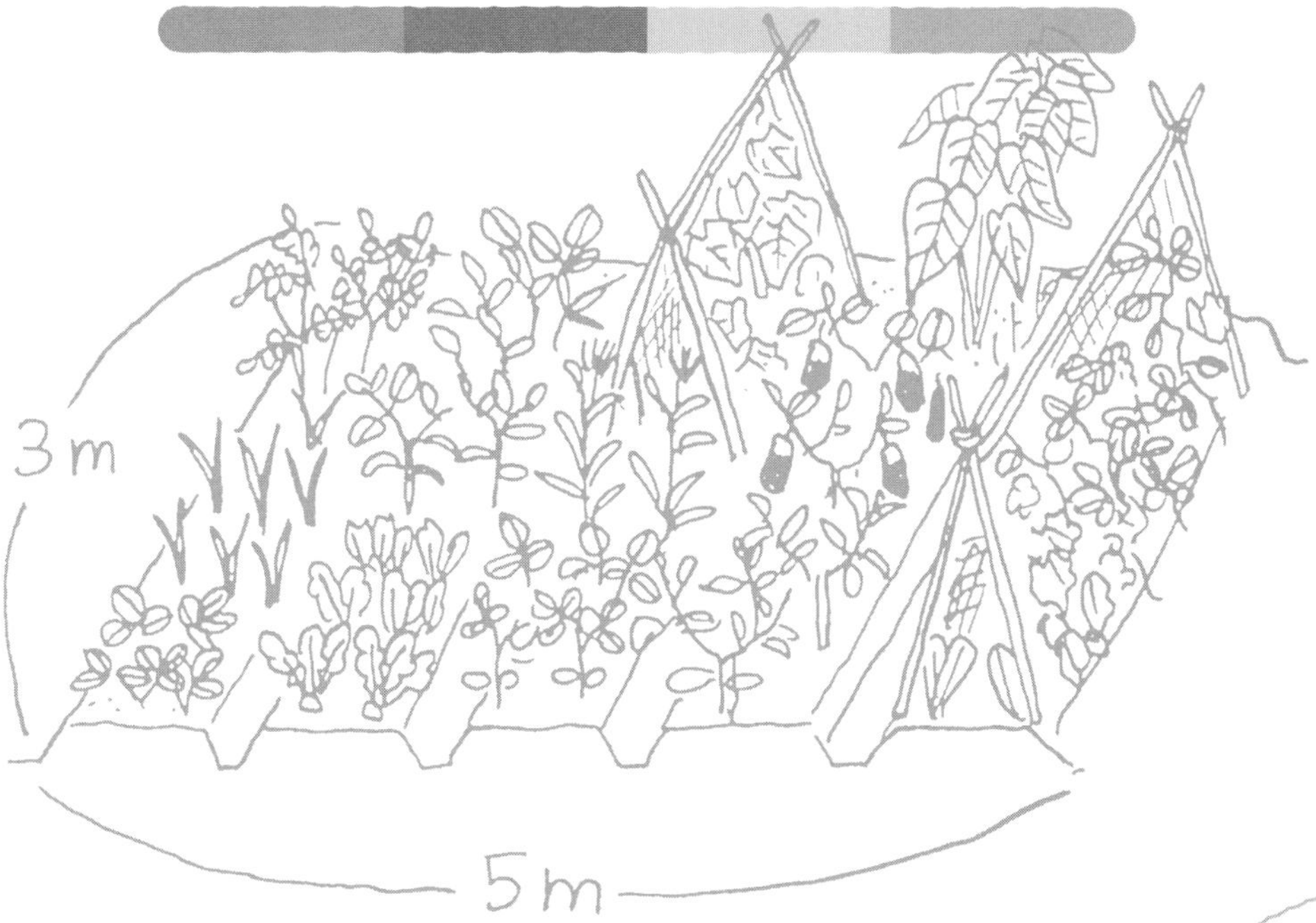

15㎡で45品目を
つくりこなす

農文協

野菜づくりは天下の楽しみ

私の背丈をゆうに超えるナス。自分まで大きくなった気がする。家庭菜園の楽しみは収穫だけではない

収穫最盛期には毎日でも採れるものがある。

冬の鍋ものや、お正月の野菜も自給できる。大きなハクサイは、孫にすごい！　といわれるのが嬉しい

市民農園で野菜づくりを始めて三〇年。一五㎡（四・五坪）の小さい畑ですが、年間四五種類の野菜をつくっています。収穫時期になると季節の野菜が毎日のように収穫できるようになり、八百屋で旬の野菜を買うこともなくなります。しかも、採りたてだからか自分でつくっているからか、買った野菜よりはるかに美味しく感じられるのです。

狭い畑をフル活用する工夫あれこれ

スイカの空中栽培。ツルが空に向かって伸び、果実がぶら下がる。スイカ棚の下には日陰に強いイチゴが育つ

ゴボウの袋栽培。連作できないゴボウは肥料袋に土を詰めて栽培している。掘り取りの手間がかからず、80cm を超える立派なゴボウが収穫できる

通路沿いのわずかな隙間にもニラやワケギなどを植えて無駄にしない。ネギの仲間は虫よけにもなる

畑全面を有効活用するためにさまざまな工夫をしています。家庭菜園ではあきらめてしまいがちなスイカやメロンも、空中にツルを這わせればつくれます。隙間栽培やゴボウの袋栽培、通常よりも狭い条間・株間など、普通のやり方とはちょっと違うけれど誰でも真似できるアイデアがいっぱいです。

苗つくりは自宅のベランダや窓際も利用している。まめに管理が行き届く

連作障害もこわくない土つくりと施肥

落ち葉堆肥の材料は落ち葉と畑の土と少量の米ヌカ、油カスだけ。仕込んで２週間たつと、落ち葉は発酵してほんのり温かく、ほぐすと白い菌糸が張り始めている

春先に埋めた畝間の落ち葉は秋にはほとんど崩れ、冬に掘り返すとほとんど原形をとどめていない。果菜類の根は落ち葉を求めるように畝間にまで伸びている

畝間はふかふかで、支柱が１m 以上かるがると挿さる

連作障害にはコンパニオンプランツも有効。ナスやトマトの根元にニラを一緒に植えると病気や害虫を防いでくれる

毎年フル回転する畑を支えているのは、落ち葉主体の土つくりです。微生物たっぷりの落ち葉堆肥を畝間に埋めて、一年熟成させてから畑全面に広げます。踏み固めてしまいがちな畝間も落ち葉がクッションになってふんわり、野菜が根を伸ばします。

15m^2（4.5坪）菜園の四季

春

植えつけをすませると
いよいよ菜園ライフの始まり

夏

果菜類が高く育って菜園は
さながらジャングルのように

冬

落ち葉堆肥を積んで（手前）、
春夏野菜の準備を始める

秋

家庭菜園の主役は秋冬野菜に
バトンタッチ

目次

口絵
◉野菜づくりは天下の楽しみ
◉連作障害もこわくない土つくりと施肥
◉狭い畑をフル活用する工夫あれこれ
◉15㎡（4.5坪）菜園の四季

第1章 小さい畑の楽しみとつまずきどころ

第2章 計画なくして成功なし

第3章 メタボ野菜をつくらないダイエット施肥と落ち葉堆肥

第4章 野菜ごとの栽培ポイントと施肥

第5章 小さい畑の一二か月

小さい畑の楽しみとつまずきどころ

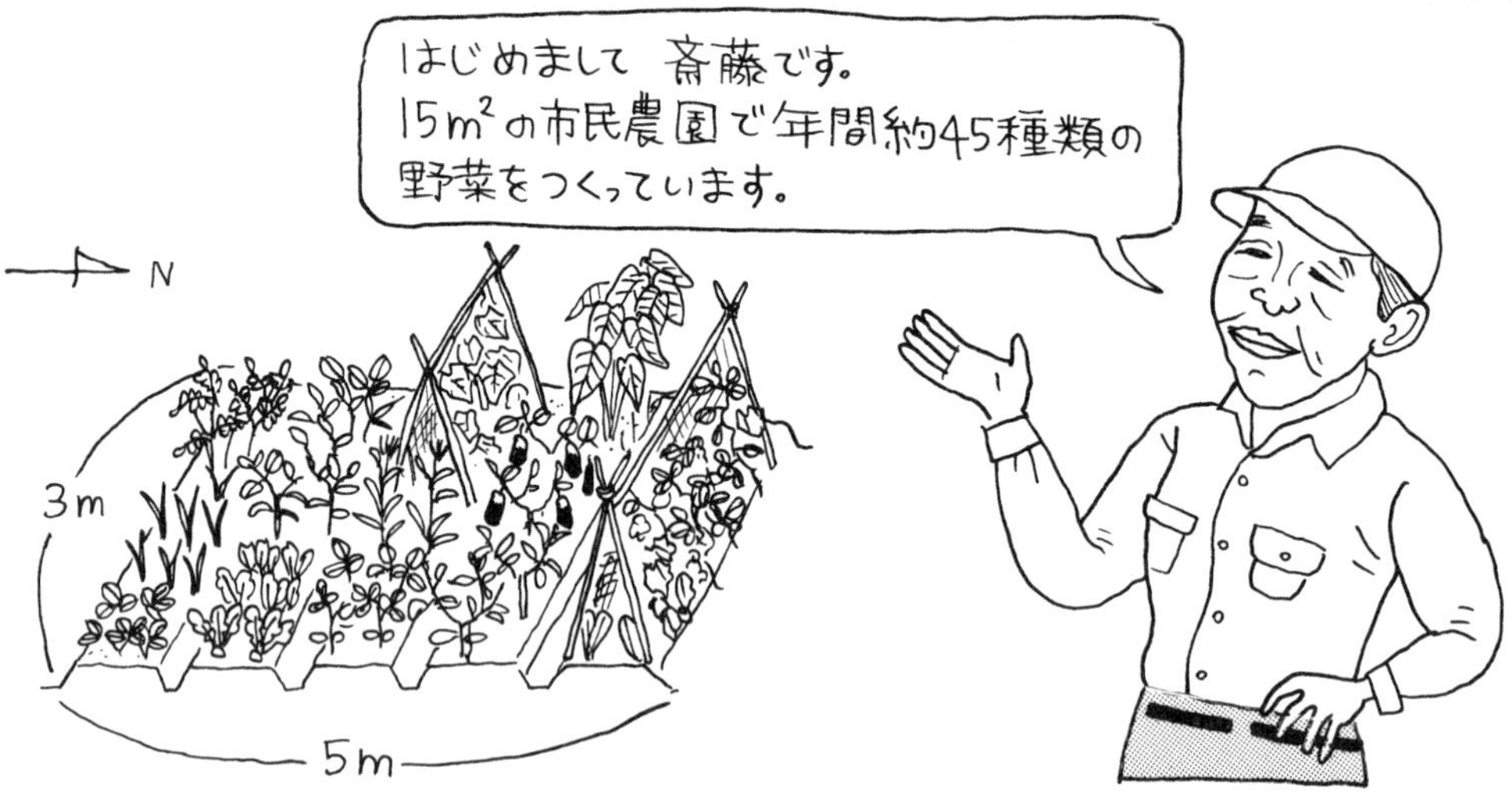
はじめまして　斎藤です。
15m²の市民農園で年間約45種類の
野菜をつくっています。
N
3m
5m

① 一五㎡で四五品目の野菜をつくる私の菜園

失敗の連続だった初心者時代

私は埼玉県さいたま市で市民農園を借りて野菜づくりをしています。畑は東西に三m、南北に五mの一五㎡（四・五坪）です。狭い面積ながら年間約四五品目の野菜をつくっています。

家庭菜園歴はかれこれ三〇年以上になります。初めて畑を借りたのは東京都板橋区の区民農園でした。現在と同じ一五㎡の畑でしたが、毎年抽選が必要で、畑の場所もころころと変わりました。勤めながら週に一度その農園に通い、本を片手に野菜づくりを始めました。農業の本を出版している団体に勤めていたので、野菜づくりと無縁ではなかったのですが、自分で畑を耕すのは初めてで最初は失敗の連続でした。

ナスを六本も植えて食べきれなくなったり、夏休みに家族旅行に行って畑に寄れず、育ちすぎておばけと化したキュウリを前に途方にくれたり、元肥をやりすぎてトマトをツルボケさせてしまったり、同じくよかれと思って施した肥料で莢がスカスカのエダマメをつくってしまったこともあります。

秋冬野菜でも、播種前にたっぷり堆肥を施して二股、三股のダイコンをつくったり、虫よけの被覆資材をかけるのが遅れて虫食いだらけのキャベツをつくったり、いつまでも春夏野菜を片づけなかったために種まき時期を逃し、翌春まで畑を空けてしまったこともあります。秋冬野菜の種まき適期の

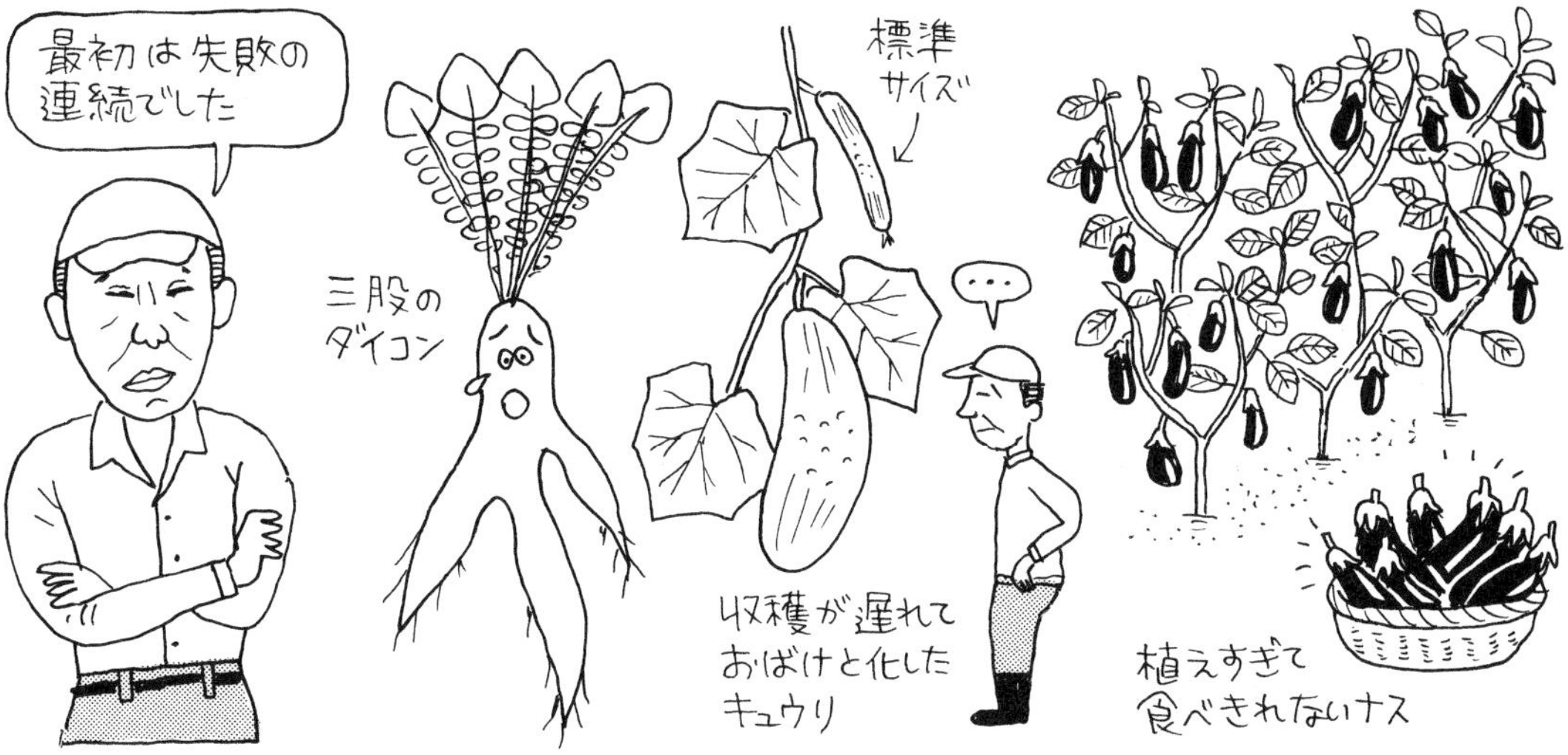

幅は非常に短いのです。挙げればきりがないほどの失敗をしてきました。

まわりを見回しても、同じように失敗している人が多くいます。四月上旬にいきなり大量の苗を買い込んで余らせてしまっている人、ジャガイモやサツマイモを植えつけて畑を占領されてしまっている人、秋にホウレンソウを畑全面にまいてしまった人や、ダイコンを移植しちゃう人など、こちらも私に負けていません。

「菜園日誌」でわかった失敗の原因

失敗をしながらも、少しでも収穫があると嬉しくて、周囲の菜園仲間に教わったり本を読んで勉強しながら野菜づくりを続けてきました。平成七年には現在住んでいる埼玉県さいたま市に引っ越し、ここでもやはり市民農園を申し込みました。

区民農園時代と変わったのは、断らない限り同じ畑を毎年続けて借りられるようになったことです。これによって、年を越して翌春に収穫するようなソラマメやエンドウなどの野菜や、ミョウガやアスパラガスなど数年間にわたって収穫できる多年生の野菜も栽培できるようになりました。

それから「菜園日誌」をつけ始めたことも大きな進歩でした。毎週末の菜園での作業を記録し、いつ何を植えて収穫はいつからいつまでだったのか、肥料はどこになにをどれくらい施して結果はどうだったのか、そういったことをわかるようにしました。

日誌をつけてみると、数々の失敗もその原因がわかるようになってきました。春先にツルボケしたエンドウは前年の秋に肥料をやりすぎたからだとか、結球しなかったハクサイは播種時期が遅れていたからだ、といったことに日誌を読み返して気づくようになったのです。

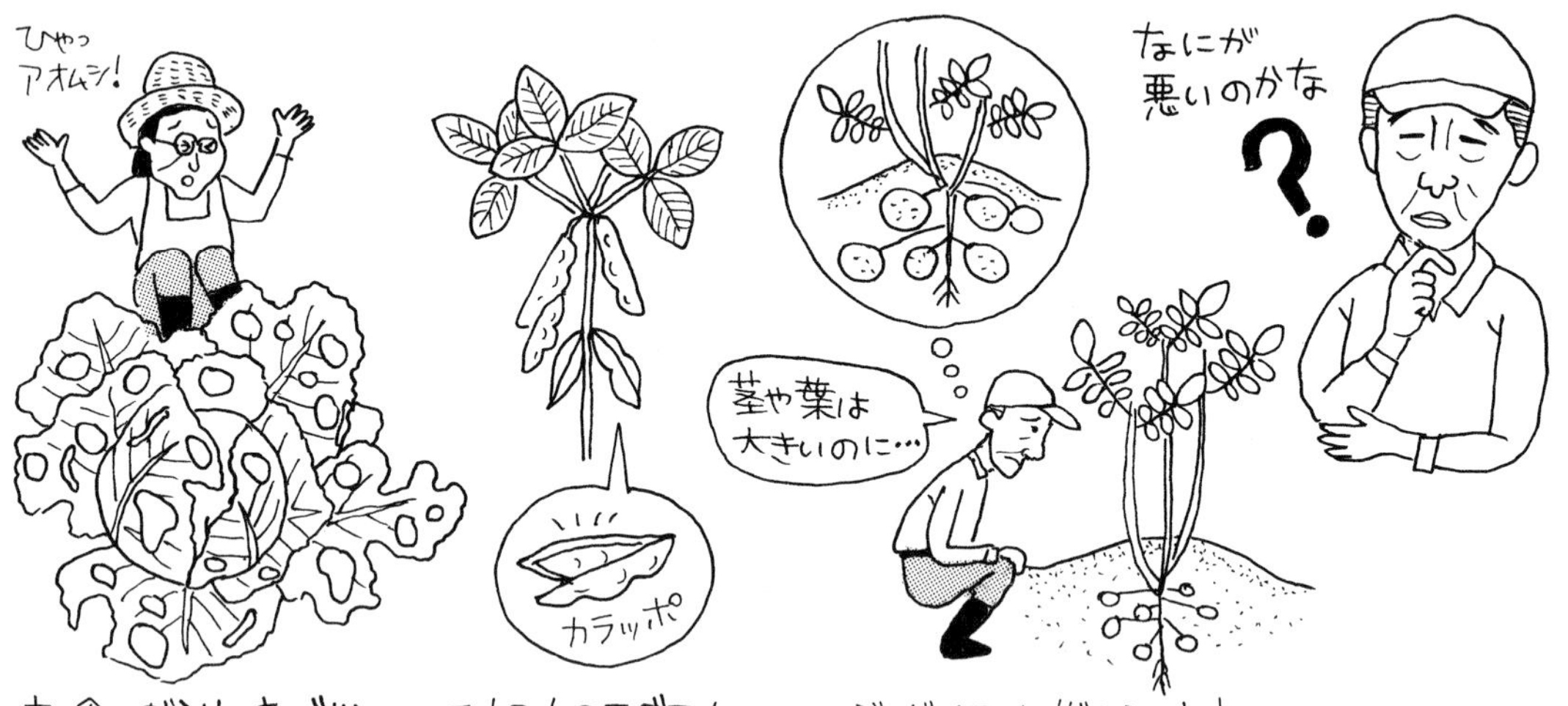
ひゃっ
アオムシ!
なにが
悪いのかな
茎や葉は
大きいのに…
カラッポ

虫喰いだらけのキャベツ　スカスカのエダマメ　ジャガイモはぜんぶ小さい

「作付け計画」と「落ち葉堆肥」で変わった野菜づくり

失敗の原因がわかってくると、作付け計画をしっかり立てること、肥料を減らして土づくりをすることが大切だということがわかってきました。

作付け計画については第2章で詳しく紹介しますが、私は紙のうえに畑の設計図を描き、いつどこになにを何株植えるか、その収穫をいつ終えて、その次はなにをつくるのか。そういうことを作付けが始まる前に決めておき、植えすぎや畑を空けてしまうことを防げるようになりました。

また、茎や葉が旺盛に育つのに実がならない、害虫の集中攻撃をうけるというような失敗は肥料のやり方や土づくりに原因があることがわかったので、肥料の量を減らし、多用していた動物性の堆肥もやめて、落ち葉を主体とした土づくりに切り替えました。この土づくりと施肥の実際については第3章で詳しく紹介します。

だんだん満足のいく野菜づくりができるようになってきて、平成二十一年には定年延長して勤めていた職場を退職し、週に一度の週一ファーマーから、行こうと思えば毎日でも畑に通える毎日ファーマーへと変わりました。管理も行き届くようになったので、果実の生長が早いキュウリや収穫が遅れると実が硬くなってしまうオクラなども、失敗せずにつくれるようになってきました。

野菜の品目選びについては第2章で紹介しますが、経験上、週一ファーマーではキュウリやオクラのほかに、適期に人工授粉が必要なカボチャやスイカなど、それから収穫適期が非常に短いミョウガなどは栽培がむずかしいと思います。でも、出社前に畑に寄るガッツのある人はぜひ挑戦してください。私も六〇歳を過ぎたあたりから自

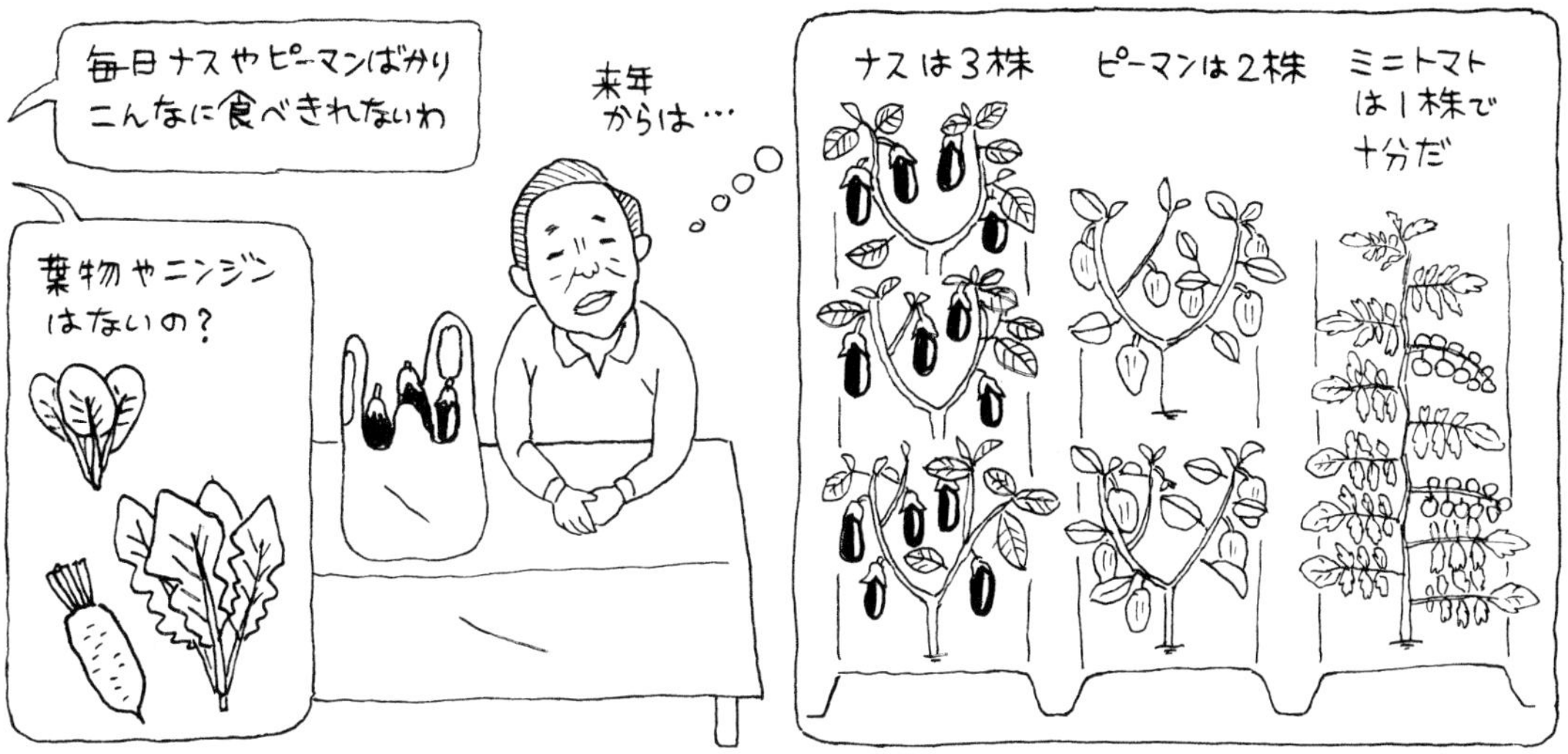

然と朝五時ころ目が覚めるようになり、夏場は週に二日は小一時間ほど畑仕事をしてから出社していました。

少量ずついろんな品目をつくりたい

今はなるべくいろいろな野菜をつくりたいと奮闘しています。家庭菜園の楽しみは、自分で食べるものを自分でつくることにあると思います。なるべくいろいろなものをつくりたいので、だんだん品目を増やし、今では小さい畑で四五品目くらいの野菜をつくっています。同じ面積の人と比べるとつくっている野菜の種類は多いほうだと思います。

園芸店に自分が育てたことがない野菜の苗があれば、とりあえずひと株買って、畑で育ててみます。そして、つくりやすいかどうか、食べてみておいしいか、それからほかの野菜との相性なども調べて、自分の畑に合うようならば翌年からは作付け株数を増やすようにしています。

一品目の植えつけ本数はどれもごくわずかです。ナスは三株、ピーマン二株、ミニトマトはひと株といったところです。少ないと感じるかもしれませんが、家族で食べるにはそれで十分なのです。これでも夏の間はナスやピーマンをいっさい買わずにすむくらいの収穫量があります。

秋冬野菜も、ハクサイやダイコンを一〇株くらいずつ、コマツナやシュンギクなどはそれぞれ座布団一枚分くらいずつしかつくっていません。それでも冬場の鍋ものや正月に親戚が集まったときの野菜は、ほぼ自家野菜でまかなえてしまいます。

家庭菜園では販売する野菜をつくるわけではないので、食べきれないくらいのナスやコマツナをつくる必要はありません。それよりは、ひと株のシソや少量のニラやミツバ、隙間でつくる

10月の菜園。25種類の野菜が育っている

ショウガなどのほうが台所の役にたって、家族にも喜ばれます。

狭い畑を少しでも活用したい

私が借りている市民農園もそうですが、多くの市民農園や区民農園、庭先菜園ではあまり大きな面積で野菜づくりをすることはできないと思います。都市近郊で市民農園を借りると、だいたい三m×五mの一五㎡（四・五坪）であることが多いようです。

いろんな野菜をつくり始めるとあれもつくりたい、これももっと植えたいとだんだん欲が出てきます。ところがこの狭い面積で、教科書どおりの野菜づくりをしていると、どうしてもすぐに畑が埋まってしまい、とても四〇品目を超える野菜はつくれません。

そこで狭い畑を可能な限り活用する試行錯誤をしています。まずやったのは植えつけ密度の見直しです。さまざまな野菜づくりの本を見ると、紹介されている畝間や条間・株間はいろいろです。たとえばナスでは、一二〇cmの広い畝になるべく広く六〇cm以上の株間をとって一条植えを、と書かれた本もあれば、七〇cmの畝に株間は五〇cmでいいと書かれている本もあります。私はそれぞれの野菜について、いろんな本のなかから最小の畝間・株間を調べてその密度で植えつけることにしました。

それでも野菜によっては、収穫する段階になっても隣の株と隙間があいていることがあり、そういう野菜は翌年植えるときにまた少し株間を詰めてみたのです。そうやって株間を狭くしたり、やっぱり葉が込み合ってしまって少し広げたり、ということを繰り返し、だいたいこのくらいならば十分に育つという植えつけ密度がわかってきました。

また、畑の隅を利用しておやつのイ

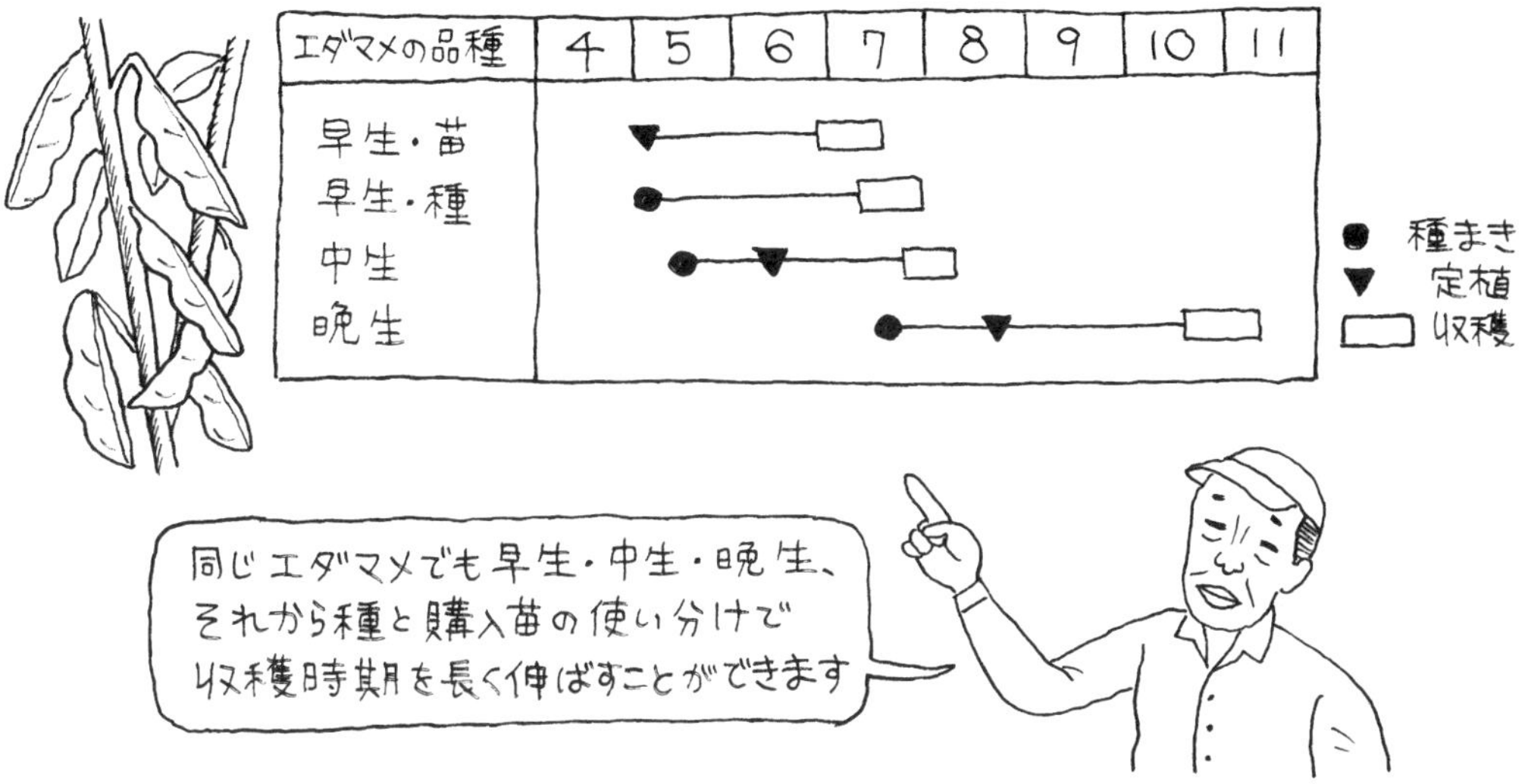

チゴや多くは必要ないパセリを育てたり、畝の端を利用してあまり大きくならないニラやワケギを育てたり、畑の隙間をなるべく活用すべく工夫しています。

ついには、半日陰でも育つ野菜の上空にネットを張って、そこにスイカやカボチャを這わせたり、ミョウガやギョウジャニンニクなど多年生野菜の地上部が枯れている冬の間に秋冬野菜を育ててしまったり、狭い畑をフル活用するためのあの手この手を、今もつねに考えています。

なるべく細く長く収穫したい

畑で多種類の野菜をつくるようになってからは、四月から翌年一月くらいまで、毎日でもなにかしら収穫できるようになってきました。やはり収穫できる野菜があると嬉しく、畑に行くのも楽しみになります。

ところが以前は、野菜によっては二週間くらいに収穫が集中してしまって食べきれなかったり、時期によってすっぽり収穫物がなくなってしまうことがありました。たとえば、ビールのおつまみとして大好きなエダマメも最初は苗を買った早生品種しかつくっていなかったので、収穫は七月上旬からの二週間ほどに集中し、新鮮な採りたてエダマメを味わえるのは夏のひとときだけでした。また、インゲンもツルなし品種だけをつくっていたので収穫は六月中旬からひと月ほどで終わってしまい、その後しばらく畑を空けることにもなっていました。

そこで、エダマメは早生のほかに中生や晩生品種をつくるようにしました。さらに早生の苗は買う量を減らして、植えつけ時に隣に同じ品種の種をまくことにしました。種をまいた株は、苗で植えた株より一週間遅れて採れ始めます。種と苗、早生と中生と晩生との組み合わせで、七月の上旬から十一月上旬まで、途中ひと月半ほど収穫のない時期がありますが、長くエダマメを楽しめるようになりました。

インゲンもツルなし品種の横に、一週間遅く採れ始め、八月半ばまで収穫の続くツル性のインゲンを植えて、秋野菜の植えつけまで畑を空けることなく収穫を続けることができるようになりました。

今でも園芸店に行き、育てている野菜の異なる品種があれば買ってみて、収穫時期がずらせないか、より長い間採れないか試してみています。

② 小さい畑ビギナーはここでつまずく

ここでは、私の失敗も含めて家庭菜園でよくある失敗を紹介します。初心者はとくにつまずきやすいポイントだと思います。思い当たることがあれば、なぜ失敗したのかを考えるきっかけになるでしょう。

(1) 食べきれない野菜をつくってしまう

ピーマンは二株もあれば、四人家族でも十分足りるほどの収穫ができます。それを五本も六本も植えて、すでに赤くなったピーマンを樹にならせたまま放置している畑を見ることがあります。おそらく食べきれず、処置に困っているのでしょう。

また、食べもしない野菜をつくって、やり場に困っている人も多くいます。その代表はゴーヤ（ニガウリ）ではないでしょうか。ひと昔前にはあまり見かけなかったこの野菜も、今ではすっかりポピュラーになり、最近はちょっとしたブームになってつくる人が増えています。ただ、もともと食べなれない野菜のうえ、次から次へと実をつけるので、二株も植えればたちまち食べきれない量の実がなってしまいます。

野菜がいっぱいできるのは嬉しいことですが、私たちはつくった野菜を販売するわけではないので、自分たちが食べられる野菜だけをつくることが大事です。また、定植をずらしたり、品種を変えたりして、いっときに収穫が集中しないようにする工夫も必要です。食べきれない野菜は、隣の畑の人に差し上げようにも、隣でも同じような状態で、お互いに苦笑いなんてことも。

こんなことにならないように苗を買う前、種をまく前に、どんな野菜を何株育てるかという作付け計画をしっかり立てておくことが大切です。

(2) 秋の畑が空き畑になってしまう

夏は野菜がいっぱいでにぎやかだったのに、秋から冬にかけて寂しくなっ

植えつけ時期を逃して秋冬野菜をあきらめた区画

てしまう畑が多くあります。これも原因は計画不足です。

よくあるのが、ナスやシシトウなどの夏野菜を、十一月に入っても収穫を続け、いつのまにか秋冬野菜の植えつけ時期を逃してしまっている畑です。秋冬野菜は種まきや苗の植えつけ時期が大切で、適期を外すとその後の生育が思わしくありません。

春夏野菜の収穫が続いていても、時期がきたら残りの収穫をあきらめて秋冬野菜のために畑を空けてやる必要があります。また、畑が野菜で埋まっているのに秋野菜の種まき時期がきてしまった場合は、小さな苗床を作って秋冬野菜の苗づくりを同時に進めておく、などの工夫も可能です。春先に菜園計画を立てる際には、その後の秋冬野菜まで計画しておくといいでしょう。

〈本当は輪作したいけれど……〉

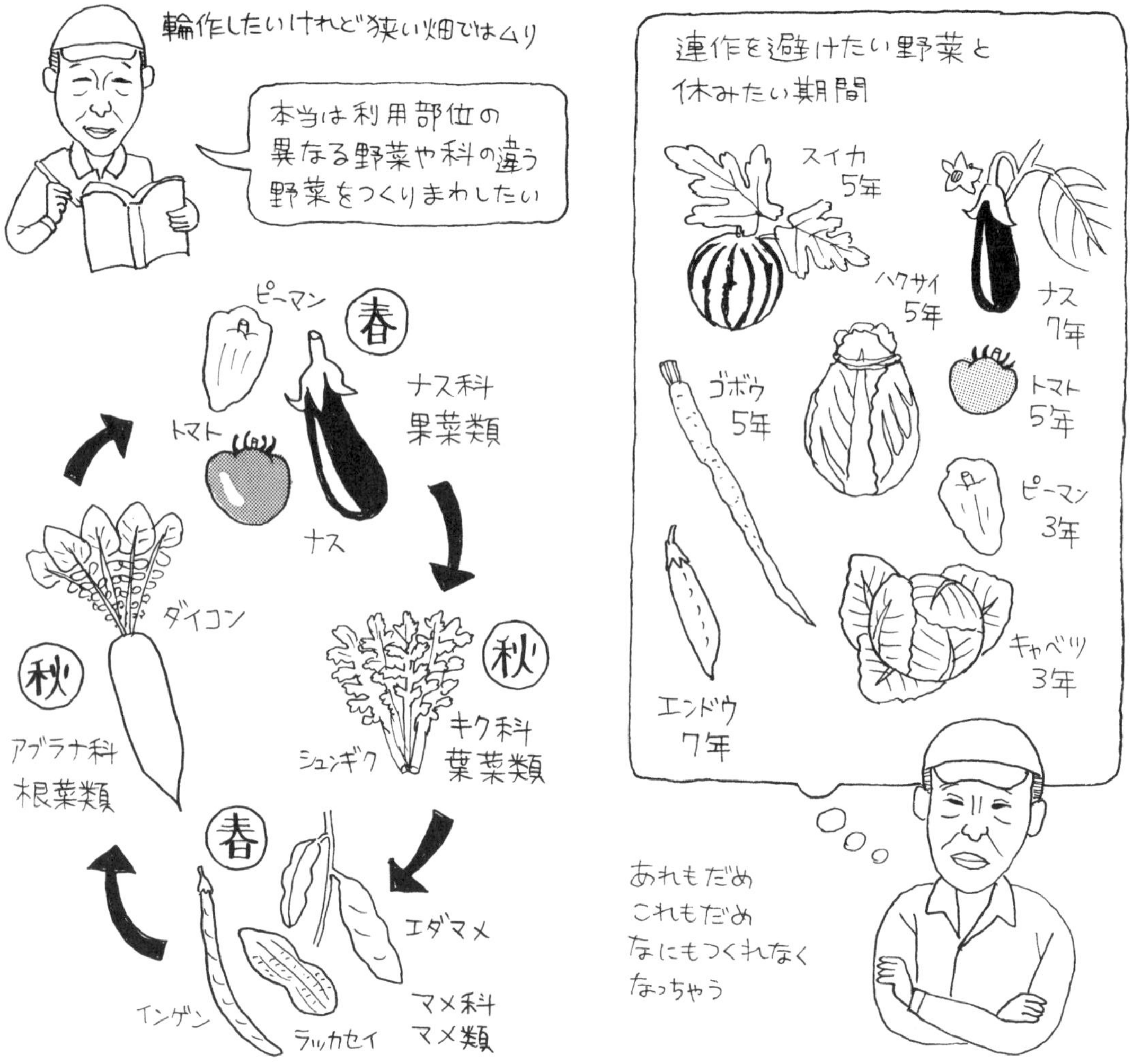

(3) 狭い畑で輪作できず 連作障害がこわい

野菜や、その科によっては、同じ場所で続けてつくると、生育が悪くなったり病害虫の被害に遭いやすくなったりすることがあります。これを連作障害といい、トマトやナスなどのナス科野菜は障害が出やすく、とくに連作を避けたい野菜です。

連作障害は微量要素の欠乏や養分過剰、土壌中の病原菌の繁殖や植物自体が出す生育阻害物質がその原因です。特定の野菜を同じ場所で育て続けると起きるので、毎年違う野菜（または違う科の野菜）をつくりまわすことで防げるのですが、市民農園などの狭い畑ではなかなかそうもいきません。

本によってはナス科の野菜は一度つくったら三〜五年以上空けること、と書いてありますが、トマトやナスのほかにもジャガイモもピーマンもシシト

〈肥料過剰はメタボ野菜やツルボケのもと〉

ウもみんなナス科で、これらの連作を避けることなど不可能なのです。

(4) 肥料過剰でメタボ野菜が虫を呼ぶ

貸し農園には養分過多になってしまっている畑も多いようです。畑が狭くて、多いところで年三〜四作の高回転率で作付けます。野菜は施された肥料をすべて吸収できるわけではないので作付けのたびに肥料袋の記載どおり施肥をしていては、肥料のやりすぎになってしまうのです。

買った袋分を使い切ろうと、余った肥料をばらまくなどもってのほかです。ただでさえ畝間や株間が狭い畑では、隣の野菜にふられた肥料までも吸収し、どうしても肥料過剰となってしまいがちなのです。

窒素肥料が多く吸われると、茎や葉ばかりが大きくなって花や実がならなかったり、軟弱に生長して病気や害虫がつきやすくなったりします。周囲と比べて葉の色が濃くなるのも特徴です。とくにマメ類は肥料をそんなに必要とせず、肥料過剰になると莢がつかなかったり、ついても実が入らなかったりします。養分過多は連作障害の要因ともなっているので注意が必要です。

石灰の施用についても同様のことがいえます。石灰の過剰は土を固くし、作物が鉄やマンガンなど微量要素を吸収するのを妨げます。

(5) 作付け計画の不足と土づくりの誤解

以上の失敗は、計画不足と土づくりや施肥に対する誤解が原因です。そしてこれらは、ちょっとした工夫ですべて回避することができます。連作障害も、狭い畑だからとあきらめる必要はありません。大切なのは、春先に一年分の作付け計画を立てることと、堆肥

〈失敗は作付け計画の不足と土づくりの誤解から〉

を主体とした土づくりをすることです。

私は、春先に菜園マップをつくって作付け計画を立てています。野菜にはそれぞれ性格があり、それを考慮したうえで畑のどこになにを何株植えるのかを決めています。春先に秋冬野菜の計画まで立てておけば空き畑をつくることもありません。

また、一五㎡（四・五坪）の狭い畑で毎年多くのナス科野菜をつくっていますが、連作障害に苦労したことはありません。秘訣は微生物を豊かにする自家製の落ち葉堆肥と、土をメタボにしない作付け計画とダイエット施肥です。

次章からは、これら四・五坪の菜園をつくりこなすコツのコツを、具体的に紹介していきたいと思います。

◉菜園仕事は天気をにらんで

家庭菜園を始めると、季節の移り変わりに非常に敏感になります。暖かくなってくれれば春野菜の植え付けを意識し始めますし、涼しくなってくれば秋冬野菜の種まき時期を考え始めます。

それから天気予報の見方も変わります。定年退職した今では毎日が日曜日ですが、勤めている頃は週に一～二日しか畑仕事ができませんでした。早朝、出勤前に畑に行くことはありましたが、できるのはせいぜい収穫作業くらいですから、まとまった作業ができるのはやはり週に一度くらいです。ですから土日に雨が降ると、畑仕事にひびくわけです。収穫最盛期は雨ガッパを着てでも行かなくてはいけません。

晴れた休日は、朝起きて朝食をとったらすぐに菜園に向かいます。夏場は六時にはもう家を出ます。日中暑くなるので、太陽が高く昇る前に帰ってこないと熱中症が怖いからです。

朝早く行っても畑にはたいがい誰かがもう来ていて、天気の話や野菜のできを報告しあっています。

苗の植え付け時期でなければ、収穫作業と雑草取り、枝の誘引や整枝がおもな作業です。一五㎡の小さな畑では二時間もあればだいたいの仕事は終わってしまいます。それでも、暑かったり寒かったりしなければ畑でお昼ごはんを食べて、三時、四時までいることも珍しくありません。

菜園仲間と情報交換したり、足りない資材を買いに行ったり、折りたたみのイスに座って野菜を眺めていたりすると、いつのまにか時間がたっているのです。

家に帰って、寝る前はまた翌日の天気や畑仕事の段取り、来年はああしようこうしようと考えて菜園日誌をつけるわけです。

自由の身となった今は、週に三～四日、そんな暮らしをしています。

野菜の生育を眺めながらこまごま世話をやいていると、いつのまにか時間がたっている

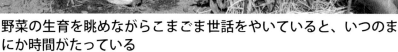

第2章

計画なくして成功なし

〈作付け計画は菜園マップで〉

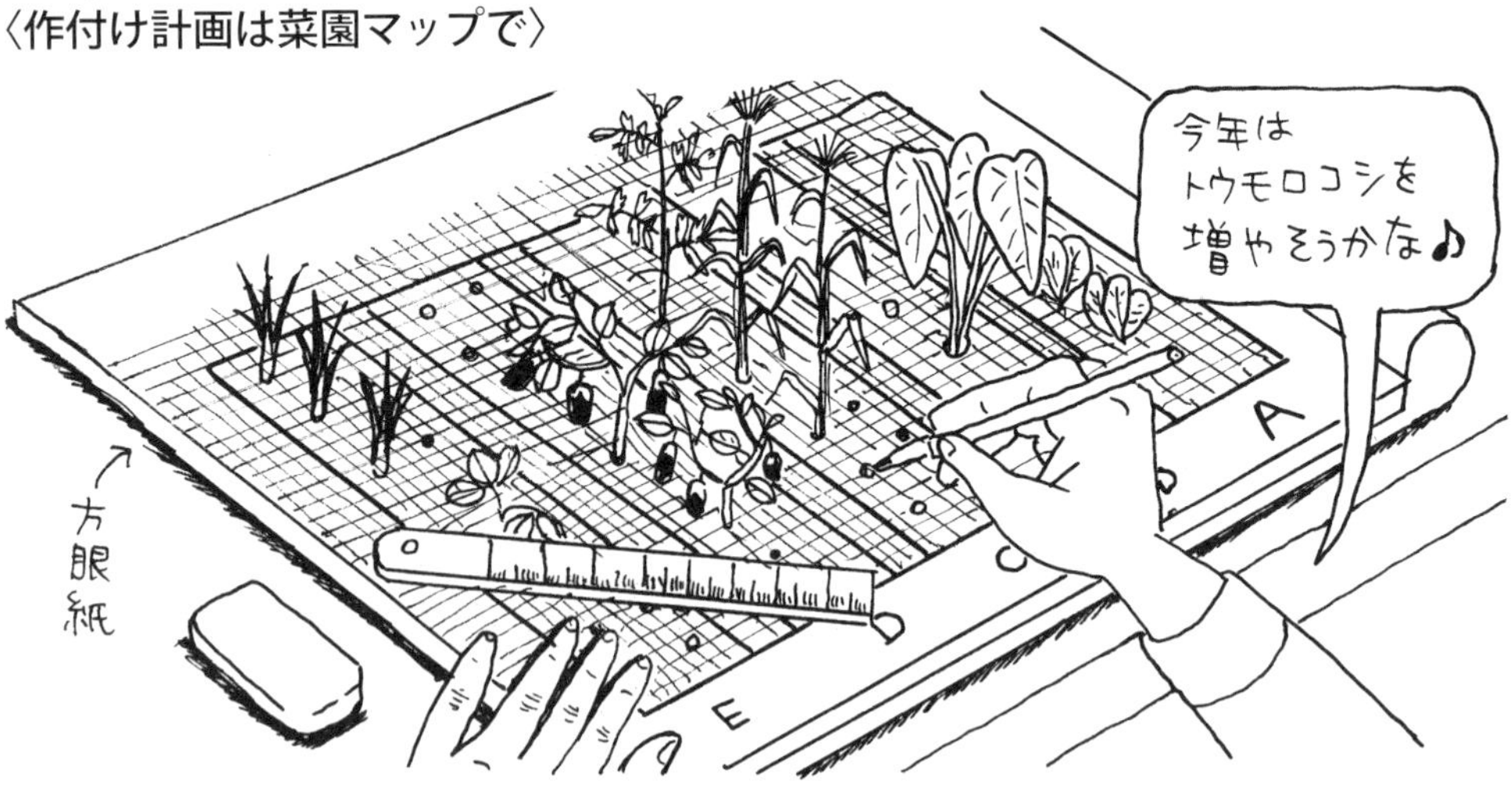
今年は
トウモロコシを
増やそうかな♪
方眼紙

① 菜園マップ作りは菜園名人への近道

第1章で紹介したような、家庭菜園によくある失敗を避けるためにも、野菜づくりを始める前にしっかり計画を立てることを強くおすすめします。

計画といってもそんなにむずかしいものではありません。私がやっているのは、菜園の一年をイメージした菜園マップ作りです。

菜園マップは春夏作と秋冬作との二枚を、春野菜の植えつけ前に用意します。紙のうえで、畑に畝を何本たて、どんな野菜をいつ、どこにどれくらい（株数や面積）植えつけるかを考えるのです。

野菜には肥料や水をよく吸うとか、日陰が好きなどの個性がありす。また連作障害の出やすい野菜とそうでない野菜などの違いもあります。それぞれの性格を知ったうえでこの菜園マップ作りをしておくと、苗の買いすぎや好きな野菜を植えつけるスペースがない、というような失敗はもちろん、日当たりが悪くてうまく育たないとか、連作を嫌う野菜を続けて作付けるようなことを、極力避けることができます。

私は、この菜園マップ作りこそが家庭菜園での野菜づくり上達の近道だと思っています。パソコンが得意な人はパソコン上で作ってもいいでしょう。

〈まずは巻尺と方位磁石を持って畑に〉

建物が北側にあるから1日陽が当たるな
水はけが悪そうだから、堆肥を多めに入れたほうがいいな〜
3m×5mの15m²ね
方位磁石
巻尺

② 菜園マップの作り方

(1) 巻尺と方位磁石を持って畑に

菜園マップを作るには、まず実際に畑に行き、寸法を測って東西南北の方角を知る必要があります。市民農園は、当選時に畑の見取り図をもらい、そこに寸法や方角が記してある場合も多いようですが、一度は自分で行って実際に測ってみるといいでしょう。

市民農園は住宅街にあることも多く、時間や季節によっては自分の畑が日陰になってしまうこともあります。畑の南側に家が建っている場合は、秋冬に朝日が当たらず西日のみが当たります。場所によっては冬場に土が凍ってしまうこともあるので注意が必要です。東側に建物が立っている場合は、春夏の朝日が当たりません。西側に家があると、秋冬は早い時間から日陰になってしまいます。これら日の当たり具合は実際に行ってみないとわかりません。

また菜園の先輩から、その畑の前作や水はけのよしあしなどを聞けることもあります。

(2) マップ作りは方眼紙で

市民農園は縦横三×五mで一五㎡（四・五坪）の区割りをしているところが多いので、ここではそのサイズをモデルにしてマップ作りを紹介します。自分の畑のサイズに合わせて応用してください。

まず、五cmを一mとして二〇分の一マップを作ります（次頁）。方眼紙があれば、それを使うと便利です。畝間を三〇cmとし、八〇cm幅の畝を三本と七〇cm幅の畝を二本作ります。

〈方眼紙で菜園マップを作る〉

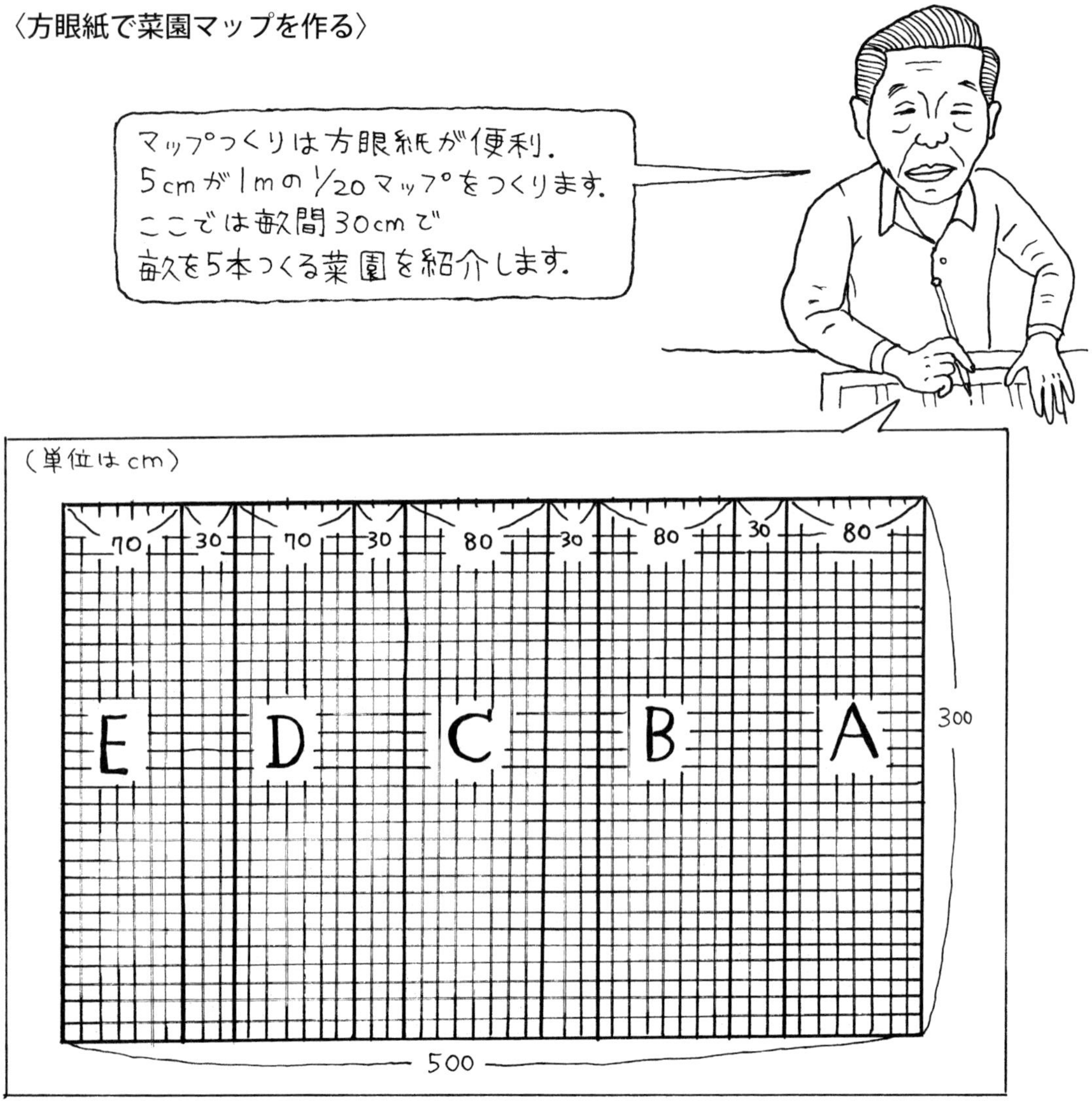

これはあくまで目安ですので、必要ならば隣接する畑との間に通路を設けたり、畝間が三〇cmでは作業性が悪いと感じれば畝幅を縮めて調整してください。また後述するように（三三頁）、長い畝を横に三本作る横長畝としてもよいでしょう。

畝は南北方向に作ったほうが、太陽の光の当たり方が均一となっていいといわれています。東西方向につくると、畑の北側にある野菜が、南側の畝に植えた野菜の陰となってしまうからです。でも私は東西畝としています。後述するように野菜の高さを考慮して植えつけゾーンを選んでいるので、光の当たり方は均一でなくてもいいからです。

(3) 畑を一〇ゾーンに分ける

さて、次にどの畝にどんな野菜を植えるかを考えるわけですが、その前に

〈畑をゾーンに分けて性格の似た野菜どうしを近くに植える〉

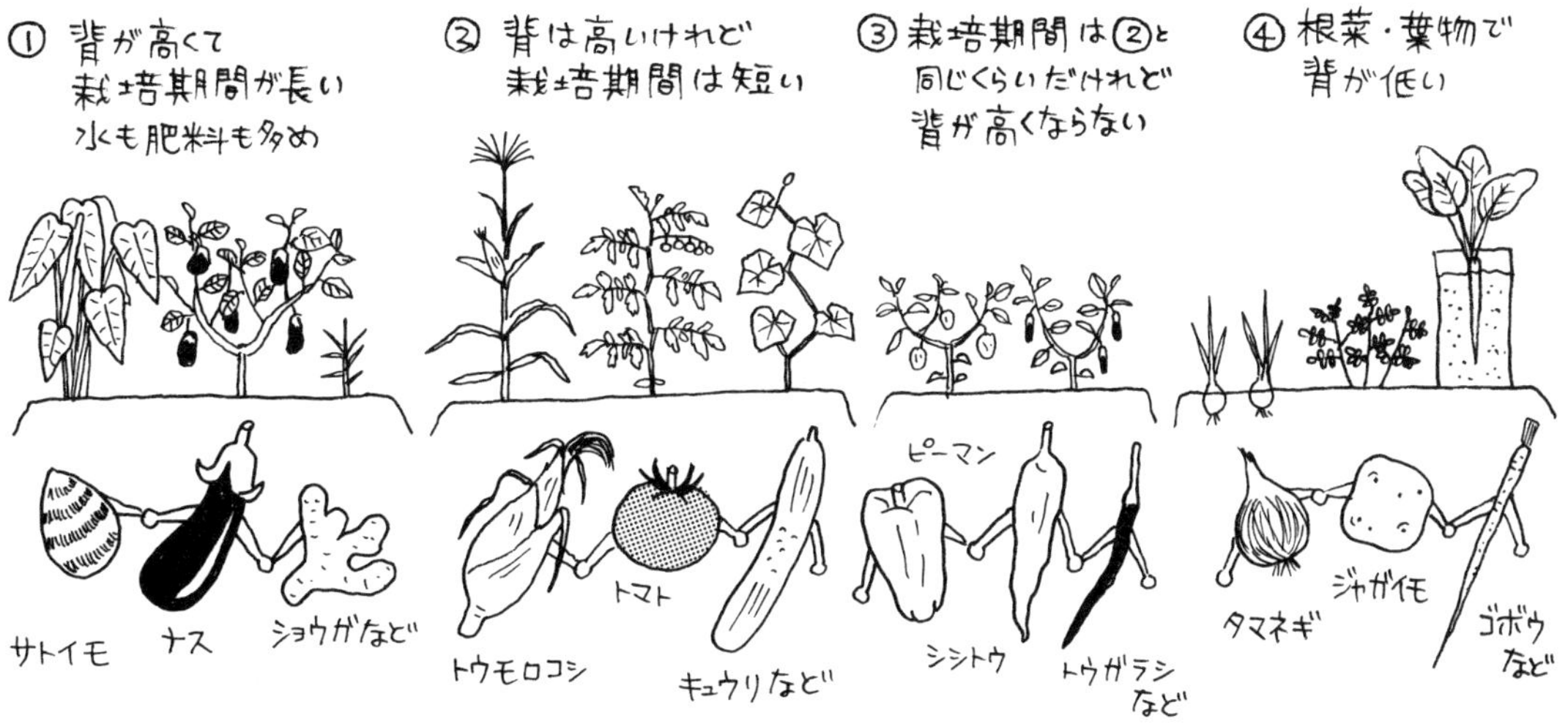

① 背が高くて 栽培期間が長い 水も肥料も多め
② 背は高いけれど 栽培期間は短い
③ 栽培期間は②と 同じくらいだけれど 背が高くならない
④ 根菜・葉物で 背が低い
サトイモ
ナス
ショウガなど
トウモロコシ
トマト
キュウリなど
ピーマン
シシトウ
トウガラシ など
タマネギ
ジャガイモ
ゴボウ など

性格の似ている野菜をグループにして近くに植えるようにすれば
管理がラクに
生育もよくなる
①はB畝
②はC畝だな
A畝は日陰に強い野菜を植えよう

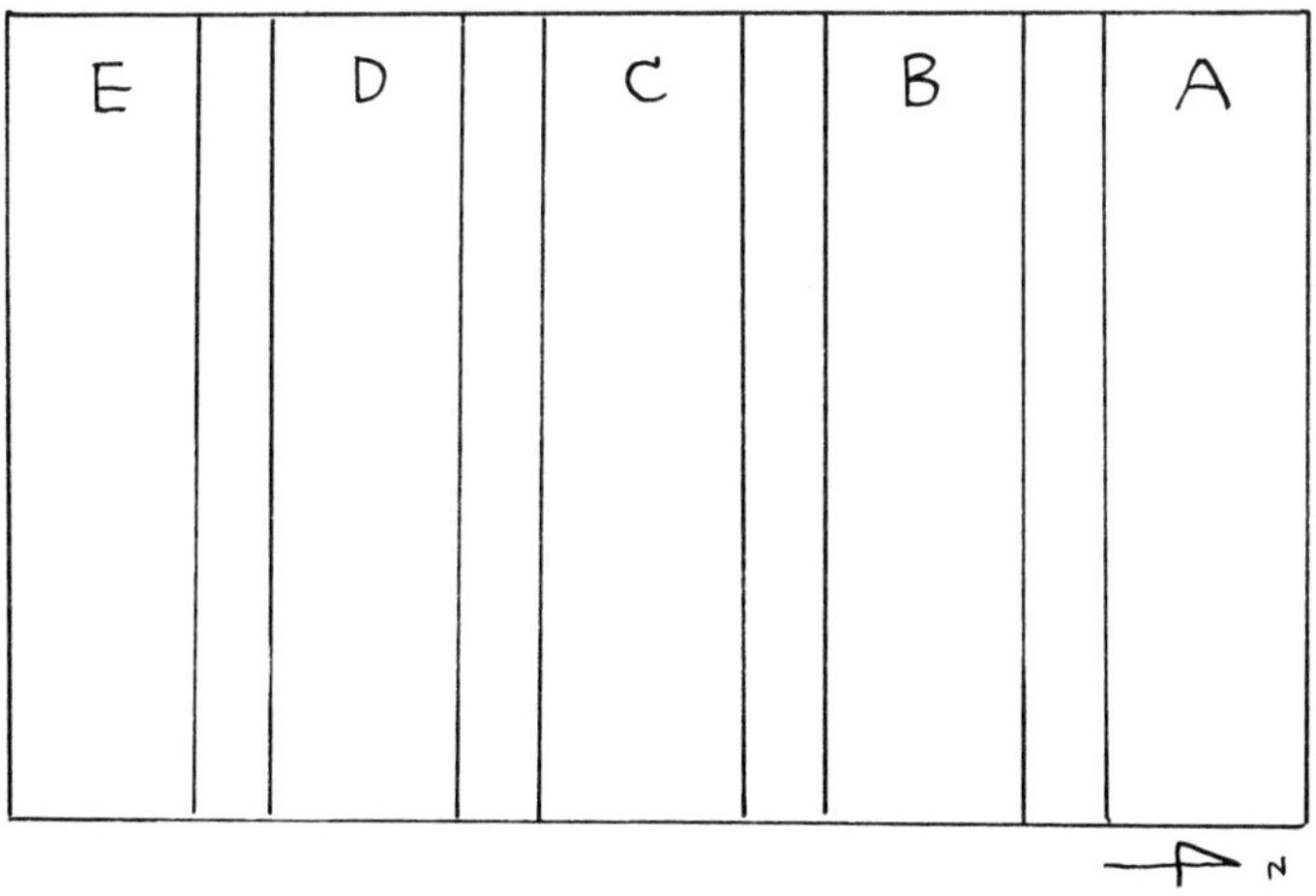

E
D
C
B
A
N

畑をいくつかのゾーンに分けましょう。

　ゾーン分けをするのは、野菜がもつ性質に合わせて、性格の似たものを集めて植えつけるためです。

　たとえば日陰を好む野菜は好む野菜どうし、肥料を多く必要とする野菜は必要とする野菜どうし、それぞれ近くに植えつけたほうが管理しやすく、結果的に生育もよくなります。

　ここではおおまかに、各畝を西側と東側に分けて一〇ゾーンとしていますが、栽培する野菜の種類や性格によって畝ごとの五ゾーンとしたり、面積に合わせて増やしてもいいでしょう。

広がって場所をとるのでつくらない

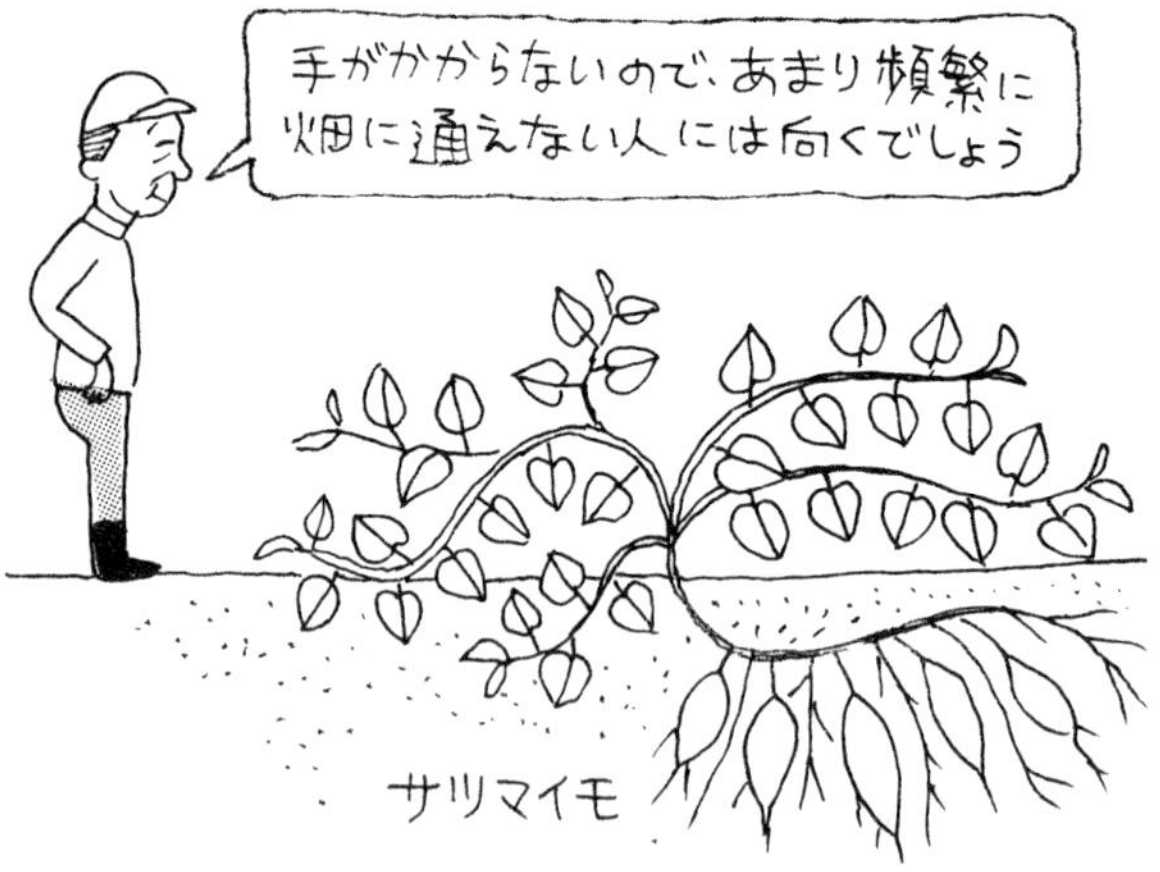
手がかからないので、あまり頻繁に
畑に通えない人には向くでしょう
サツマイモ

つくったけど食べなかった

三尺ササゲ
ニガウリ
毎日食べるほど
好きでは
ないな〜
?

3 野菜選びとグルーピング

(1) 食べない野菜、つくれない野菜は選ばない

地図が書けたら、毎年の楽しみでもある野菜選びです。第1章で紹介したように、私は年間五〇種ほどの野菜をつくっています。毎年決まってつくる野菜もあれば、新しい野菜にチャレンジすることもあります。

野菜選びの際に決めていることは、食べない野菜と広い面積が必要な野菜はつくらないことです。以前ゴーヤや三尺ササゲを物珍しさでつくってみましたが、毎日食べるほど好きではなかったので今はつくりません。また、サツマイモやヘチマなど葉が広がって面積が必要になる野菜もつくりません。狭い面積でなるべく多くの種類の野菜をつくりたいからです。

逆に、孫が喜ぶスイカやミニトマト、冬の鍋料理に欠かせないシュンギクやホウレンソウ、ダイコンなどは毎年必ずつくっています。なにを植えるかは、ご家族とも相談して決めるといいでしょう。

野菜には、栽培のしやすい野菜とそうでない野菜があり、カボチャやスイカなどは授粉作業が必要で、週末にしか畑に行けない人は失敗しやすいといえるかもしれません。同じトマトでも、大玉トマトよりも中玉トマトのほうが病害虫にも強く、栽培は容易です。これから野菜づくりを始める方は、そうした点にも注意して選ぶと失敗を避けることができるでしょう。

先に述べたように、人工授粉が必要なスイカやメロン、収穫が頻繁にあるキュウリなど、週に一度しか畑に通えない人には栽培がむずかしい野菜もあります。頻繁には畑に通えず、あまり手間をかけられない人は、あえてサツマイモなど手がかからなくて広く面積を必要とする野菜をつくるという選択もあるでしょう。

(2) 作付け計画で押さえておきたい野菜の性質

作付ける野菜を選んだら、菜園のどのゾーンに植えつけるのかを決めます。それぞれ何株ずつ植えつけるかについては二八頁をご覧ください。

野菜の特性を考えずに植えつけ場所を決めて、適当に苗を並べて隙間を埋めていくのでは、野菜づくりはうまくいきません。野菜にはそれぞれ性格があり、その性格に合わせて植えつけ場所を決めてやるのです。

たとえば春夏野菜の作付け計画で一番重視しているのは、野菜の背の高さと、栽培期間の長さです。なぜなら、市民農園のような狭い畑では、背の高さと栽培期間が野菜の日当たりを左右するからです。

どんな作物も生きるために太陽の光を必要としています。葉で太陽の光を受けて、光をエネルギーに水と炭酸ガスから炭水化物を作りだし、炭水化物と土壌中の養分を原料に茎葉を大きくしたり、果実を実らせたりするのです。

広い畑では、野菜に日がよく当たるように、畝間や株間を広くとって植えつけることができますが、狭い畑ではそういうわけにはいきません。植えつけるときは、背の低い野菜が高い野菜の陰になってしまわないように、気をつかってあげなくてはいけないのです。

栽培計画にあたっては、背の高さや栽培期間の長さだけでなく、野菜ごとに連作障害の有無や、肥料や水を多く必要とするかどうかなどを知っておく必要があります。そして、連作障害の出やすさや、肥料や水の必要量など、それぞれ性格が似ている野菜をグループにして近くに植えてやれば、管理がラクになり失敗も少なくなります。背の高さと栽培期間の長さは、その野菜がどれくらい養分を必要とするかにも関係しますので、それを基準にグループ分けすると、自然と肥料のやりかたも似た管理ができるようになります。

次頁の表1は、知っておきたい野菜の性格を一覧にしたものです。背の高さや連作障害の有無のほか、私の経験上、市民農園に向く野菜かそうでないか、栽培の難易度、肥料の必要量、家族で食べられる植えつけ株数の目安と必要な面積なども紹介しましたので、栽培計画の参考にしてください。

(3) 春夏野菜は背が高く栽培期間の長いものを北側に

前述したように、野菜の日当たりを一番重視しているので、春夏野菜の作付けは菜園の北側に背が高く栽培期間の長い野菜を植えることを、作付けの基本としています。背の低い野菜が高

表1　知っておきたい野菜の性格

科	類	野菜名	難易度	高さ	日陰	施肥タイプ	施肥量（g）	水やり	酸性土壌	連作	条間×株間（cm）	必要な株数（㎡）	週一
ナ　ス	果菜	ナ　ス	○	高	×	コ	30	○	△	×	40	3（0.9）	△
	果菜	トマト	×	高	×	尻	25		△	×	50×40	2（0.3）	△
	果菜	トマト（中玉）	○	高	×	尻	20		△	×	50×40	2（0.3）	△
	果菜	トマト（ミニ）	◎	高	×	尻	15		△	×	50×40	1（0.3）	△
	果菜	ピーマン	◎	中	×	コ	25	△	△	×	40×40	2（0.3）	△
	果菜	シシトウ	○	高	×	コ	30	△	△	×	40×40	2（0.3）	△
	果菜	トウガラシ	○	中	×	コ	15		△	×	端	1（0.2）	△
	根菜	ジャガイモ	◎	中	×	少	10	△	○	×	40×40	20（2.8）	
ウ　リ	果菜	キュウリ	○	高	×	コ	30		△	△	40×30	6（0.8）	×
	果菜	ニガウリ	◎	高	×	コ	20		△	×	50	1（0.2）	△
	果菜	カボチャ	×	高	×	尻	15		○	○	40	2（0.4）	×
	果菜	メロン	×	高	×	尻	15		△	×	40	2（0.4）	×
	果菜	小玉スイカ	×	高	×	尻	10		○	×	40	2（0.4）	×
イ　ネ	果菜	トウモロコシ	◎	高	×	尻	20		△	△	25×30	9（0.7）	
アオイ	果菜	オクラ	◎	高	×	コ	20		△	△	30×30	2（0.2）	△
マ　メ	果菜	ツル性インゲン	◎	高	×	コ	20		×	×	40×30	6（0.7）	△
	果菜	ツルなしインゲン	◎	低	×	少	10		×	×	間作	6	△
	果菜	ササゲ	◎	高	×	少	10		×	×	40×30	4（0.5）	△
	果菜	エダマメ	◎	中	×	少	10	△	×	△	25×20	9（0.5）	
	果菜	エダマメ（晩生）	○	高	×	少	10	△	×	△	50×30	4（0.5）	
	果菜	ソラマメ	○	高	○	少	10		×	△	端（30）	8	
	果菜	エンドウ	○	高	×	少	10		×	×	端（30）	8	
	果菜	ラッカセイ	○	中	×	少	10		×	×	30×25	6（0.6）	
ユ　リ	葉茎	ネ　ギ	○	中	○	コ	20		×	○	40×5	（1.5）	
	葉茎	リーキ	○	中	○	コ	20		×	○	40×5	（1）	
	葉茎	ワケギ	◎	中	○	コ	20		△	○	端（10）	10	
	葉茎	ニ　ラ	○	低	○	コ	20		△	○	端（10）	10	
	葉茎	ニンニク	○	中	○	コ	20		△	○	間作（10）	10	
	葉茎	ラッキョウ	○	中	◎	コ	15		△	○	間作（10）	10	
	葉茎	タマネギ	○	中	○	コ	20	△	×	○	10×10	50（0.7）	
	葉茎	ギョウジャニンニク	×	中	◎	コ	15		○	○	10×10	（0.2）	
	葉茎	アスパラガス	○	高	×	コ	30		○	○	30×40	4（0.6）	×
アブラナ	葉茎	ハクサイ	○	低	○	コ	25		△	△	30×40	10（1.6）	
	葉茎	キャベツ	◎	低	○	コ	25		△	△	30×40	6（0.9）	
	葉茎	メキャベツ	○	低	△	コ	25		△	○	端	1	
	葉茎	春キャベツ	○	低	○	コ	25		△	○	30×40	6（0.6）	
	葉茎	ブロッコリー	◎	中	△	コ	20	△	△	○	45×40	4（0.6）	
	葉茎	カリフラワー	○	中	△	コ	20		△	○	45×40	2（0.3）	△

科	類	野菜名	難易度	高さ	日陰	施肥タイプ	施肥量（g）	水やり	酸性土壌	連作	条間×株間（cm）	必要な株数（㎡）	週一
アブラナ	根菜	ダイコン	◎	低	△	尻	20		△	○	30 × 40	8（1）	
	根菜	春ダイコン	○	中	×	尻	20		△	○	30 × 40	4（0.5）	
	葉茎	ミズナ	○	低	△	先	20	△	△	△	10 × 5	（0.3）	
	葉茎	ミブナ	○	低	△	先	15		△	△	10 × 10	（0.3）	
	葉茎	カラシナ	◎	低	△	先	15		△	△	15 × 10	（0.3）	
	葉茎	タカナ	◎	低	○	先	15	△	△	△	15 × 10	（0.3）	
	葉茎	コールラビ	○	低	○	先	15	△	△	○	15 × 10	（0.3）	
	葉茎	チンゲンサイ	◎	低	△	先	20	△	△	○	10 × 10	（0.3）	
	葉茎	コマツナ	◎	低	△	先	15		△	○	10 × 10	（0.3）	
	根菜	コカブ	◎	中	×	先	15		△	○	10 × 10	（0.3）	
	根菜	ラディッシュ	◎	低	×	先	15		△	○	10 × 5	（0.3）	
アカザ	葉茎	ホウレンソウ	○	低	△	先	15		×	○	10 × 10	（0.3）	
セ リ	葉茎	セルリー	×	中	△	コ	40		×	○	60 × 30	4（0.3）	
	葉茎	パセリ	○	低	△	コ	30		△	△	端	1	
	葉茎	ミツバ	◎	低	◎	先	10		△	△	10 × 10	（0.2）	
	葉茎	アシタバ	○	低	◎	先	20		△	○	30 × 30	（0.3）	
	根菜	ニンジン	○	低	×	尻	20		△	○	10 × 5	20	
キ ク	葉茎	シュンギク	◎	低	○	先	20		○	△	10 × 5	（0.3）	
	葉茎	レタス	○	低	×	コ	20		△	○	20 × 20	6（0.4）	
	葉茎	食用ギク	◎	高	×	コ	15	△		○	端	1（0.2）	
	葉茎	リーフレタス	◎	低	×	先	15		△	○	5 × 5	（0.3）	
	根菜	ゴボウ	○	高	×	尻	20		△	×	20 × 20	15（0.7）	
バ ラ	果菜	イチゴ	○	低	○	コ	20		△	×	30 × 30	6（0.9）	△
シ ソ	葉茎	シ ソ	◎	高	×	コ	15		△	○	端	1	
ショウガ	葉茎	ミョウガ	○	中	◎	コ	20	△	△	○	30 × 30	（0.4）	×
	根菜	ショウガ	○	中	×	コ	15	△	△	×	間作（15）	10	
ヒルガオ	根菜	サツマイモ	○	中	×	少	3		○	×	60 × 30	5（1.3）	
ヤマノイモ	根菜	ヤマトイモ	○	高	×	尻	20			×	60 × 20	（0.6）	
サトイモ	根菜	サトイモ	◎	高	×	コ	20	○	△	×	50 × 30	6（0.9）	

難易度：◎容易、○普通、×むずかしい
高さ：高は高い、中は中くらい、低は低い
日陰：◎好む、○大丈夫、△やや弱い、×苦手
施肥タイプ：コはコンスタントタイプ、尻は尻上がりタイプ、先は先行逃げ切りタイプ、少は少肥タイプ（45 ページ参照）
施肥量：生育に必要な窒素量の目安
水やり：○水やりが必要、△雨がなくて乾燥状態が続くならば必要
酸性土壌：○強い、△弱い、×とくに弱い
連作：○問題ない、△なるべく避ける、×避ける
条間×株間：端は畑や畝の端に植えている、間作はほかの野菜の畝に一緒に植えている。（ ）内は株間
必要な株数：4 人家族で食べきれる収穫がある株数と必要な面積の目安
週一：×週一ファーマーにはおすすめできない、△ 1 週間後の生長を見越して早めの収穫を心がける

〈春夏の菜園マップ〉

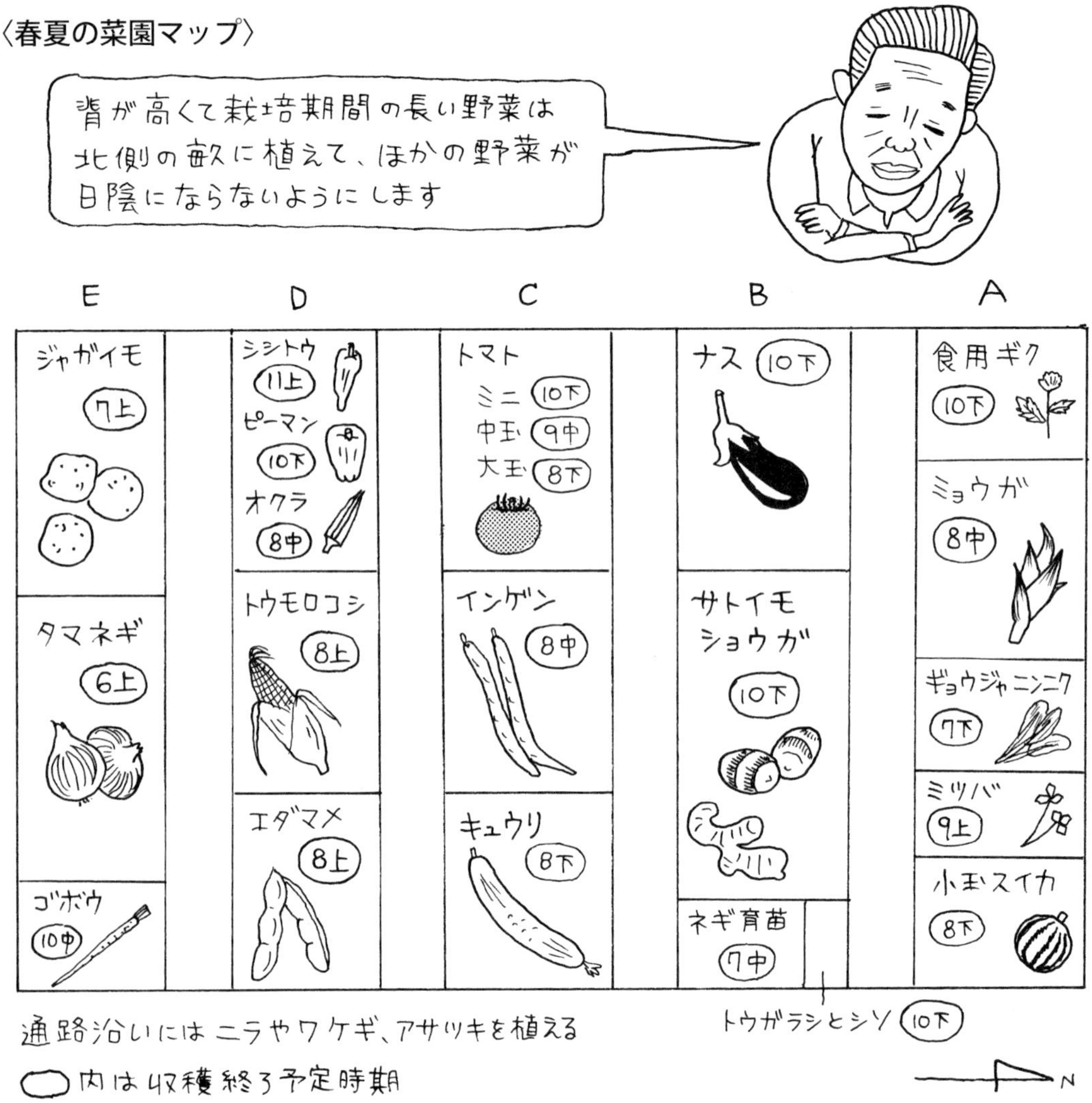

い野菜の陰になってしまうことを防ぎ、南側に栽培期間の短い野菜を植えることで、次に植える秋冬野菜の苗が春夏野菜の陰になるのを避けることができるからです。日陰でもよく育つ野菜は、菜園の一番北側の畝に植えます。

上の地図は、私の春の菜園マップです。畝Aに比較的日陰に強いミョウガやギョウジャニンニクを植え、その畝を覆うように網棚を作ってカボチャや小玉スイカを這わせます。畝Bには背が高くなり、栽培期間の長いナスやサトイモをつくっています。ナスとサトイモはともに肥料食いの大水飲みです。同じ畝につくれば肥培管理も水管理も一緒に行なうことができます。畝Cには、背は高いけれども栽培期間が比較的短いトマトやキュウリ、インゲンを植えつけます。

畝Dには、背が低くて栽培期間の長いシシトウやピーマン、エダマメを植

表2　各ゾーンの植えつけに適した野菜

ゾーン		春夏野菜	秋冬野菜	
A	**立体栽培ゾーン** 半日陰野菜とツル性野菜	ギョウジャニンニク、ミョウガ、アスパラガス、食用ギク、**小玉スイカ**、**メロン**、カボチャ、**ニガウリ**、ヤマノイモ、シュンギク、ミツバ、ラッキョウ	葉菜類とツル性野菜	ソラマメ、**エンドウ**、**ササゲ**、**エダマメ**（**晩生**）、**キャベツ**、ミズナ、チンゲンサイ、コマツナ、シュンギク、リーフレタスなど
B	**背高長期栽培ゾーン** 収穫終了は10月末	**ナス**、**サトイモ**、**ショウガ**	播種・定植は10月下旬	**春キャベツ**、ブロッコリー、春ダイコン、ラディッシュ、コカブ、コマツナ、ミズナ、タカナ、カラシナ、コールラビ、チンゲンサイ、ホウレンソウ、シュンギク
C	**背高短期栽培ゾーン** 収穫終了は10月初旬	**トマト**（**大玉・中玉・ミニ**）、キュウリ、**インゲン**（**ツル性・ツルなし**）、トウモロコシ、オクラ	播種・定植は9月から	ダイコン、**キャベツ**、レタス、**ハクサイ**、ブロッコリー、カリフラワー、チンゲンサイ、ミズナ、カラシナ、タカナ、チンゲンサイ、コマツナ、ラディッシュ、コカブ、ホウレンソウ、シュンギク、リーフレタスなど
D	**背低ゾーン** 収穫終了は10月初旬	**ピーマン**、**シシトウ**、**トウガラシ**、**エダマメ**（**早生・中生**）、**ラッカセイ**、トウモロコシ、オクラ、タマネギ	播種・定植は9月から	**ハクサイ**、タマネギ、**キャベツ**、ブロッコリー、カリフラワー、レタス、ダイコン、ミズナ、カラシナ、タカナ、チンゲンサイ、コマツナ、ラディッシュ、コカブ、ホウレンソウ、シュンギク、リーフレタスなど
E	**根菜・葉物ゾーン**	**ジャガイモ**、**ゴボウ**、サツマイモ、ネギ、タマネギ、**イチゴ**、コマツナ、**キャベツ**、チンゲンサイ、ホウレンソウ、シュンギク	播種・定植は7月から	ニンジン、ネギ、リーキ、タマネギ、ホウレンソウ、ミズナ、カラシナ、タカナ、チンゲンサイ、コマツナ、ラディッシュ、コカブ、シュンギク、リーフレタスなど
F	**畑の境界・畝端ゾーン**	シソ、ワケギ、ニラ、ニンニク、ラッキョウ、パセリ、アシタバ、食用ギク	植えつけ・収穫は順次	ミツバ、**セルリー**、ワケギ、ラッキョウ、メキャベツ

※複数のゾーンに適するものはそれぞれに記した
　秋冬野菜は、植えつけ時期と収穫時期を考慮して自分の畑に合わせるとよい
　太字は連作を避けたい野菜。2年続けて同じ場所にはつくらないようにしている

えています。最も日が当たる畝Eには、ジャガイモやゴボウなどの根菜類を植えます。これらは背が低く、北側の野菜が日陰になってしまうことはありません。私の場合は、この畝に前年度に植えつけたタマネギがありますが、新たに始める人はリーフレタスやルッコラなど春まきできる葉菜類をつくるといいでしょう。

私はこのほかに、畑の端の隙間を利用して、ニラやリケギ、アサツキをスジ状に栽培しています。シソやトウガラシも空地を利用してひと株つくっておくと、いろいろな料理に使えて便利です。株が大きくなるので、BかCの畝に植えるといいでしょう。

上の表2に、野菜をどの畝に植えたらいいのか、それぞれグルーピングしたものを紹介します。こうして野菜をグルーピングして、菜園をゾーンに分けて植えつけ場所を決めることで、それぞれの野菜に日光が効率よく当たる

〈秋冬の菜園マップ〉

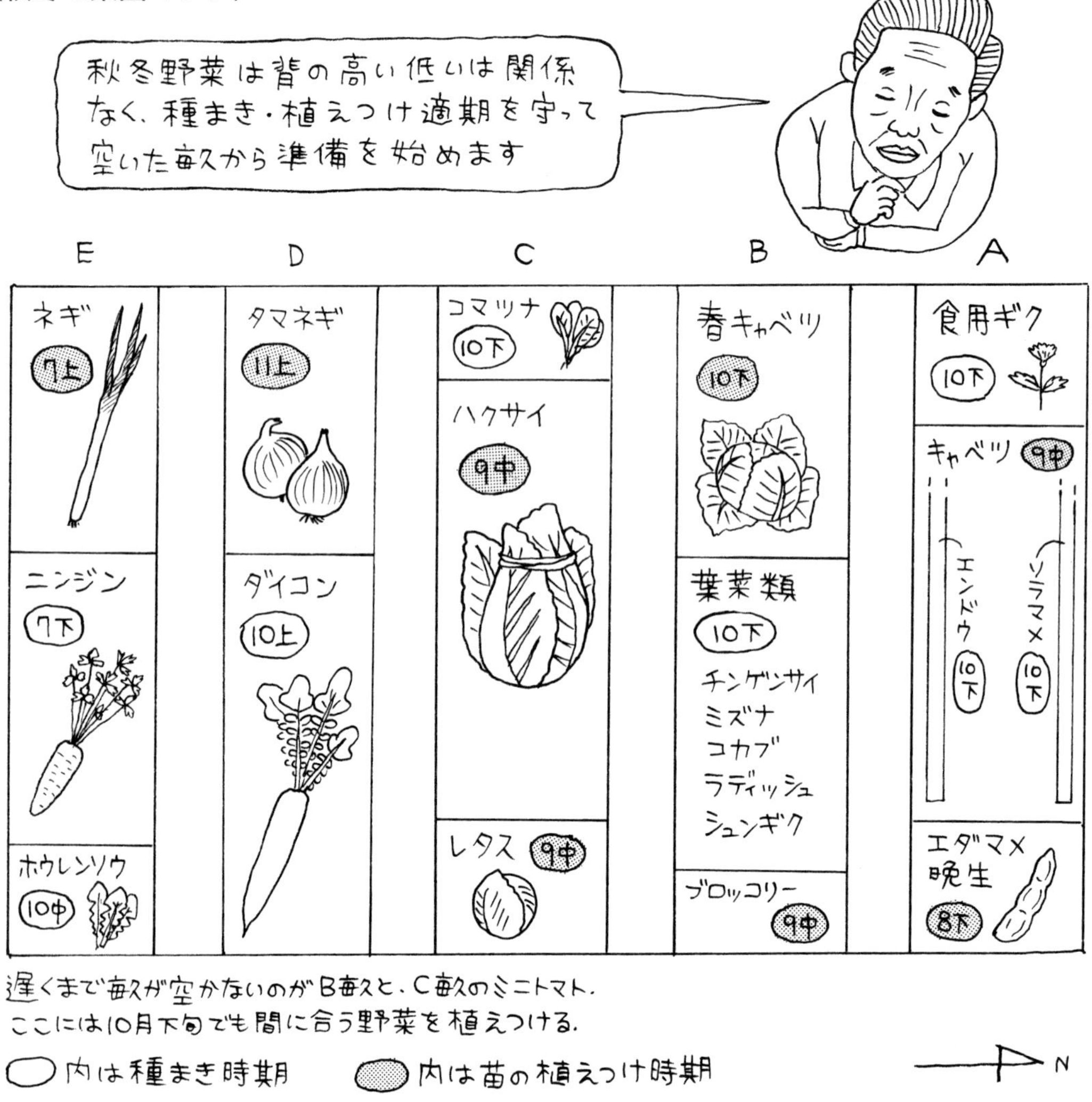

ようになります。また、第4章で詳しく紹介しますが、施肥の管理もラクに失敗なくできるようになります。

さらに、次年度に畝の西側と東側でつくる野菜を入れ替えれば、連作を嫌うナス科の野菜を続けて同じ場所につくることも避けられます。

(4) 秋冬野菜のゾーン選びは植えつけ適期と適肥量を基準に

秋冬野菜は、植えつけ時期と適肥量によってゾーンを選びます。春夏作が終わって最初に空く畝はEで、ネギやリーキ、ニンジンを植えます。次に空くのはAとC、Dの東側で、ここには九月中に植えつけを始めたいダイコンやキャベツ、ハクサイや結球レタスを植えつけます。

Bの畝とゴボウを袋栽培している場所は、十月まで空きません。なので、ここには十月下旬に播種できて、栽培期間の短いホウレンソウやコマツナ、

〈翌年の菜園マップ〉

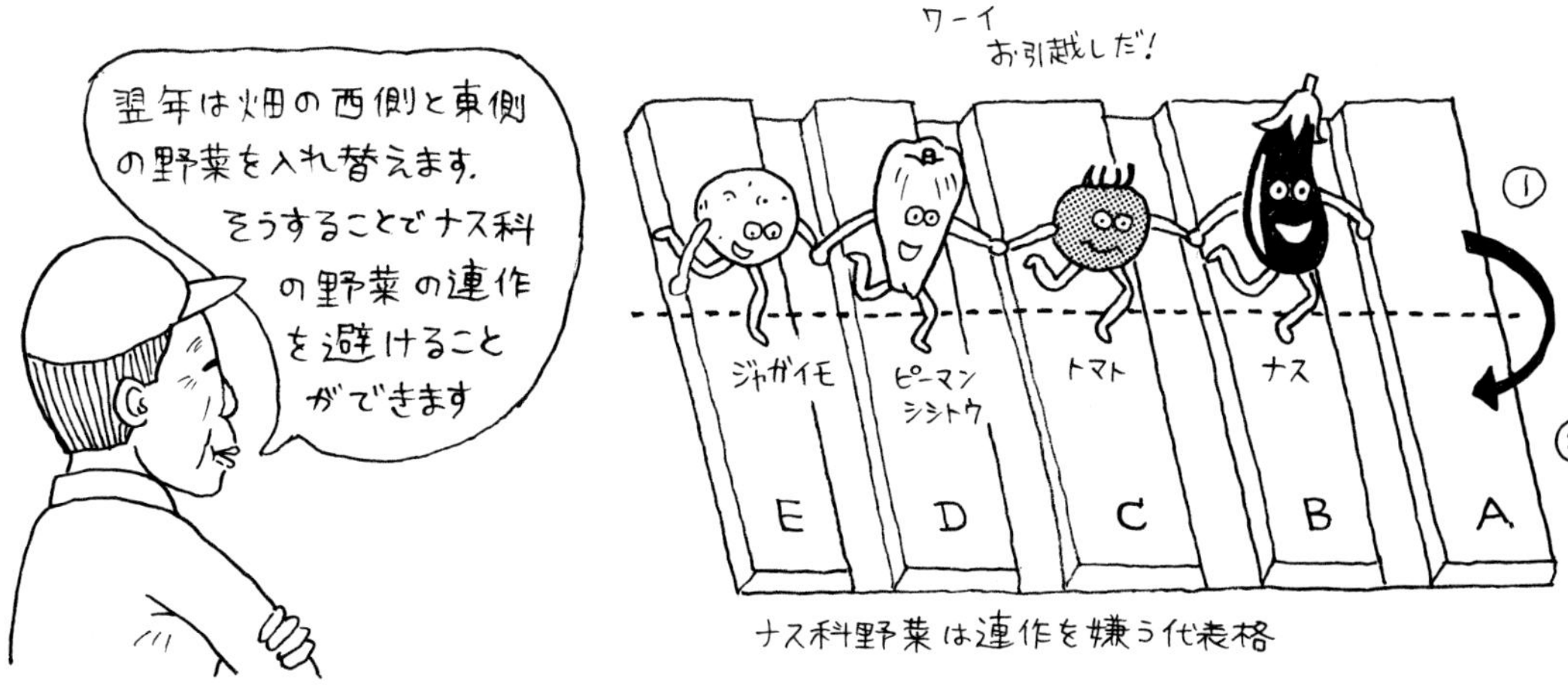
翌年は畑の西側と東側の野菜を入れ替えます。そうすることでナス科の野菜の連作を避けることができます
ワーイ お引越しだ!
ジャガイモ
ピーマン シシトウ
トマト
ナス
E
D
C
B
A
①
②
ナス科野菜は連作を嫌う代表格

チンゲンサイやシュンギクなどの非結球菜類と春キャベツを植えています。

　Aの畝には、ギョウジャニンニクやミョウガ、食用ギクなどの永年作物が植わっているのですが、九月には収穫が終わって地上部が枯れてきます。私は、永年作物の地上部が枯れたあとに、キャベツやレタス、チンゲンサイなど比較的根の浅い葉菜類を植えて、二階建て栽培を行なっています（三二頁）。

　心配しなくてもミョウガやギョウジャニンニクは、キャベツやレタスを収穫したあとの翌年春に、また新しい芽を出します。耕したりしなければ、頭上でほかの作物をつくっても平気なのです。

(5) 翌年の春夏マップ

　翌年は、畑の西側と東側とでつくる作物を入れ替えます。これで連作障害の出やすいナス科の野菜を二年連続同じ場所でつくるのを避けることができます。

　ただしタマネギは例外です。タマネギは栽培期間が長く、六月に収穫したあと、年内の十一月に植えつけなくてはいけません。その時期、Eの西側にはまだネギが植わっているので、タマネギを植えつけることができません。ですから私は、Eの東側でつくった年はピーマン、シシトウの後作Dの西側に植えつけ、翌年はEの西側、その翌年はDの東側とシーズンごとに植えつけゾーンを入れ替えながら栽培しています。

④ 作付け株数・面積を決める

(1) 最小の株間と条間で植えつける

菜園マップの仕上げはそれぞれの野菜の植えつけ株数を決めることです。

第1章で紹介したように、私の菜園では、株間と条間は極力狭くとるようにしています。作付ける株数を増やしてなるべく多く野菜を採るためです。最初は、初めて手に取った野菜づくりの本に従って株間を決めていました。しかし、その本や種袋の裏に書かれているように植えつけると、狭い畑はすぐに埋まってしまいました。

ところが、その後いろいろ本を見てみると、おすすめの株間と条間は本によって違っていることに気がついたのです。そこで次の年からは、それらの本の中から一番小さい株間と条間を紹介しているものを採用するようにしました。株間を狭くすると、野菜によってはコンパクトに育つようになります。私の野菜は商品として販売するわけではないので、ハクサイもキャベツも多少小ぶりでも問題ありません。むしろ三人で暮らしているわが家にとっては、大きすぎるよりは少し小さめのサイズのほうが食材として使い勝手がいいのでした。

それからは最小で、なおかつ失敗しない株間を求めて、試行錯誤を繰り返しています。表1（二二頁）に私が作付けている各野菜の株間と条間を紹介しました。ハクサイは七〇cm幅の畝に二列、ダイコン・キャベツは八〇cm畝に三列植えています。それぞれの条間は三〇cm、株間は四〇cmほどと、一般にすすめられているよりもかなり密植していますが、まったく問題なく収穫できます。

表を参考に株間と条間を考え、ゾーンごとに作付け株数を決めてください。

(2) スペースを最大限活かす工夫

株間のほかに、狭い畑で野菜をつくりこなす工夫をいくつか紹介します。

1 土寄せをしない

根菜類やネギなどの野菜には土寄せが必要です。土寄せには倒伏防止やイモの肥大（サトイモやジャガイモ）、ネギの軟白部を作るなどの働きがあります。ただし土寄せには野菜の周囲の土を使うので、密植している私の菜園では困難な作業です。

私は、ネギ以外の野菜では基本的に土寄せをしていません。倒伏防止に土寄せが必要なエダマメなどは支柱を立てて倒伏を防ぎ、イモの緑化（イモが日にあたると有毒物質が生成され、表

〈作付け株数を決める〉

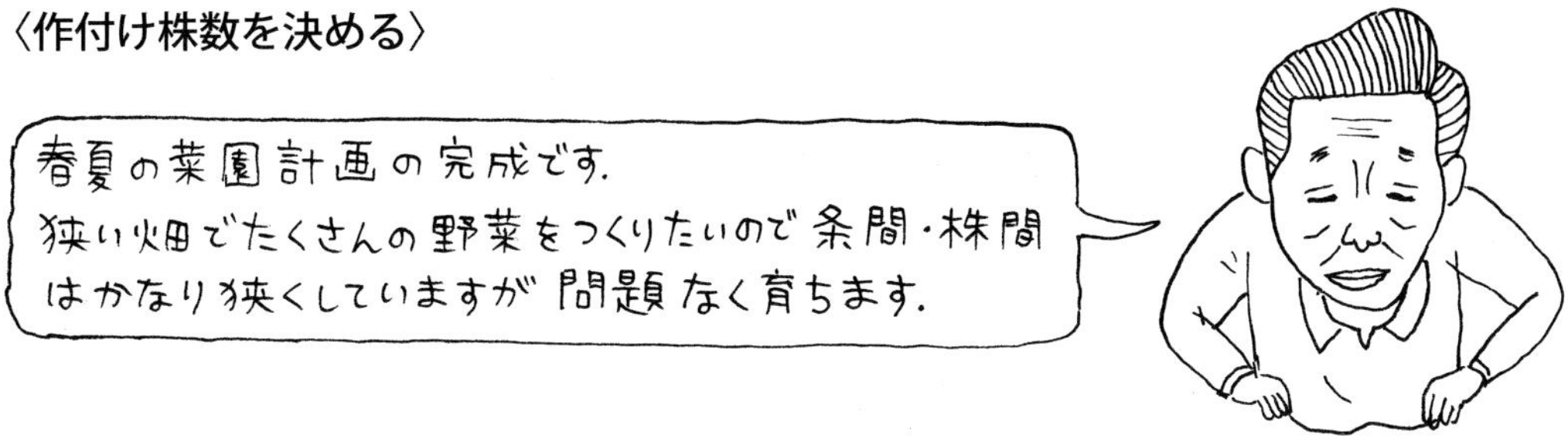

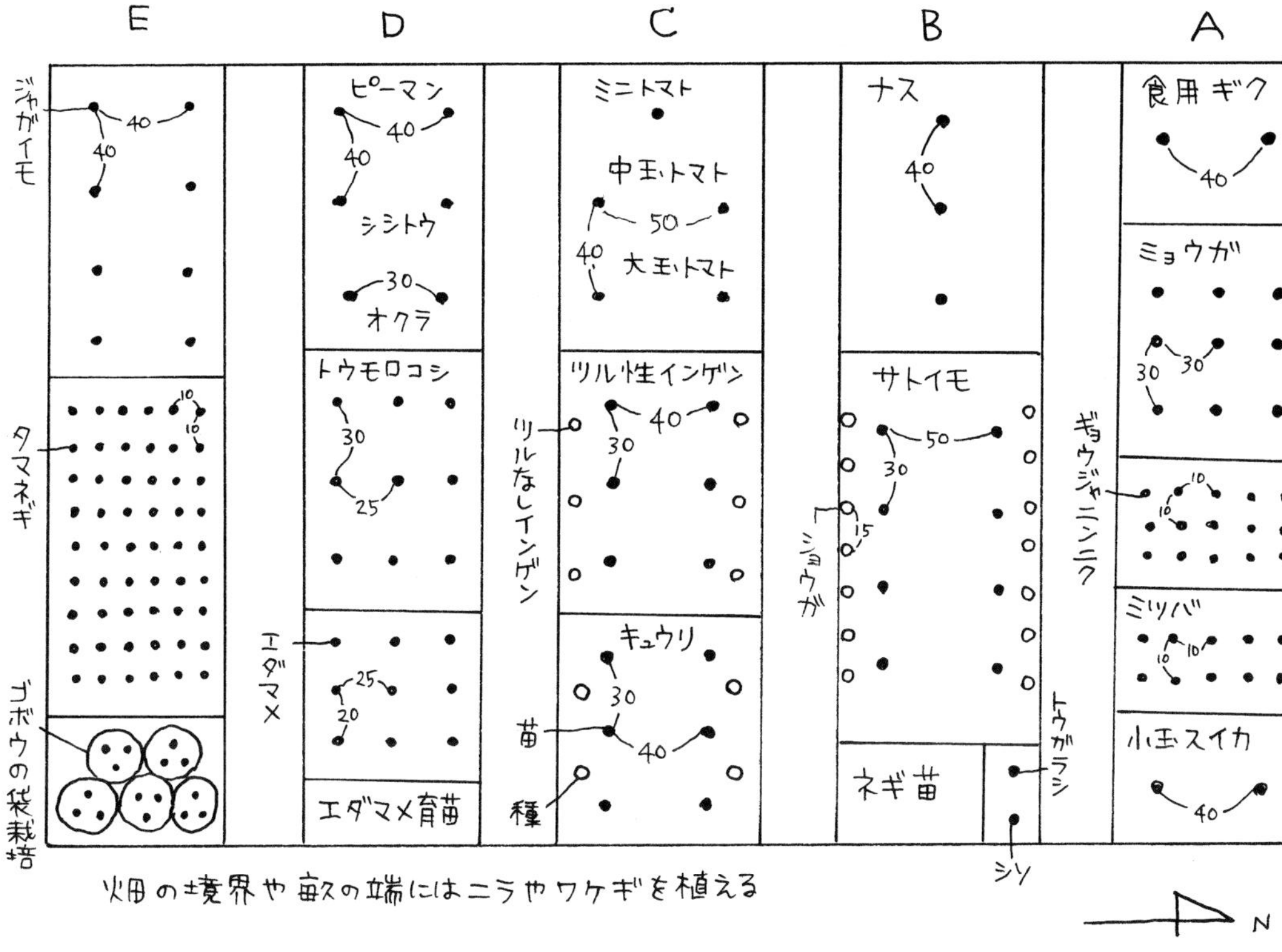

面が緑色になる）防止に土寄せが必要なジャガイモは、深植えしてマルチを張ることで土寄せが不要になりました。この栽培方法には、同じく土寄せができないプランターでの野菜栽培に関する本が参考になりました。

ネギの土寄せには、ゴボウの栽培に利用した土を使っています。私は肥料袋を使ってゴボウを袋栽培しています。ネギの土寄せ時期である十月はゴボウの収穫時期です。そこでゴボウを収穫したあとの土をネギの土寄せに利用しているのです。

❷混植や間作、コンパニオンプランツの隙間栽培

栽培に広い面積は必要ないニラやワケギ、アサツキなどは畑の縁や隙間に栽培しています。これらは多くは必要ないのですが、少しあると薬味やちょっとした料理に活躍します。シソやショウガもたくさんは必要ないの

キュウリの根元にはネギ

ナスとニラの混植でナスの病害虫が減る

ニラはトマトとも相性抜群

で、畑の隅や作物の間に植えて育てるようにしています。

ニラやワケギはとくにこれといった管理も必要なく、ニラは三～四年に一回株分けしてやればどんどん増やすこともできます。また、ナス科の野菜との混植にも使えます。

ナス科野菜は連作障害を起こしやすい作物です。このナス科の野菜にニラを植えると病気や害虫が減るのです。こうした相性のいい野菜をコンパニオンプランツと呼び、日本では古くから栃木県のかんぴょう産地で、ユウガオとネギを混植していたようです。

ネギやニラなどネギ属の根には土壌中の病原微生物と闘う拮抗菌が生息し、ナスやキュウリの根と絡むように植えれば、病気に強くなるのです。匂いが強い野菜のせいか、ヨトウムシやネキリムシなど害虫を防ぐ効果もありそうです。秋、ナスを片づけるときに株を引き抜くと、ニラの根っこが見事

果実はぶら下がって実るのでネットで吊る

カボチャの空中栽培。ネットを斜めに張ってツルを這わせている

に絡みついている様子が見られます（七八頁）。

コンパニオンプランツにはナス科野菜とニラ、ウリ科野菜とネギのほか、サトイモとショウガ、カブとシュンギクなどがあります。サトイモとショウガでは、サトイモがショウガに日陰を提供して、ショウガはサトイモの株元を乾燥から守ってやります（七二頁）。カブとシュンギクでは、シュンギクがカブを害虫から守ってくれるようです。

❸ツル性野菜の空中栽培

ここからは、狭い畑ならではの私流の裏技です。

まず、第1章でも紹介したように、私は日陰でも平気な野菜の上空にネットを張って、ツル性の野菜を這わせています。スイカやカボチャ、メロンなど通常は地面を這って広がる野菜ですが、ツルをネットに誘引してやると空

空中栽培の下には、半日陰でも育つミョウガやギョウジャニンニクを植えている

ミョウガとギョウジャニンニクの地上部が枯れたあとに育つミズナやチンゲンサイ、レタスや春キャベツ。畝脇にはソラマメとエンドウを植えつける

に向かって伸びてゆき、ちゃんと空中に果実を成らせます。

狭い市民農園ではつくるのをあきらめてしまいがちなこれらの野菜ですが、このように空中を利用した立体栽培ならばつくることが可能です。夏にスイカが収穫できると、家庭菜園の楽しみがぐっと広がります。ぜひチャレンジしてみてください。いずれも小玉系の品種が失敗も少なく育てやすいのでおすすめです。

4 多年生野菜の二階建て栽培

こちらも第1章で紹介しましたが、多年生野菜の地上部が枯れる秋冬の間、そこに各種の葉菜類を栽培することができます。

私の畑の一番北側の畝には、ギョウジャニンニクやミョウガなど半日陰で育つ多年生野菜を育てていますが、これらの地上部が枯れる秋にキャベツやチンゲンサイ、シュンギクなどを育て

ベランダで育苗しているチンゲンサイとミズナ（京菜）。毎日様子を見ることができる

て収穫しています。

これは、ミョウガを植えつけた畝が秋からずっと空地になっているのがもったいなくて、試しにシュンギクの種をまいてみたのがきっかけでした。すると冬にはシュンギクがしっかり収穫でき、翌年にはミョウガもちゃんと芽を出して収穫できたので、以後二階建て栽培と名づけて続けています。

5 ベランダや庭の有効活用

ベランダは苗作りや野菜の貯蔵に利用できます。野菜の苗作りは、水やりや温度管理などの手間がかかります。週に一度しか畑に行けない人は、ベランダで苗をつくれば、毎日生育を確認することができ、管理をすることができます。また、雨に当たらず病気の発生も抑えることができます。

私も定年退職をする前は週に一度しか畑に行くことができなかったので、キヌサヤやソラマメの育苗、サトイモやショウガの芽出しにベランダを利用していました。苗作りから頑張りたい週一菜園家の方はベランダ利用をおすすめします。ただし、ネギなど育苗期間の長いものは畑の育苗床で苗をつくるほうがいい苗ができるので注意してください。

育苗のほかに、タマネギやジャガイモの乾燥貯蔵などにもベランダを活用できます。乾燥には魚を干す網を使うと便利です。

(3) 作付面積が増える横長畝

ここまで、短い畝を五本立てる菜園の例を紹介してきましたが、畑の立地によっては横長畝を三本作るのもおすすめです（次頁）。畝間幅を同じ三〇cmとった場合、横長畝菜園の畝面積は、通常の縦畝菜園に比べて〇・六㎡広くなるのです。

私の畑は東側と西側が通路になって

〈栽培面積が増える横長畝〉

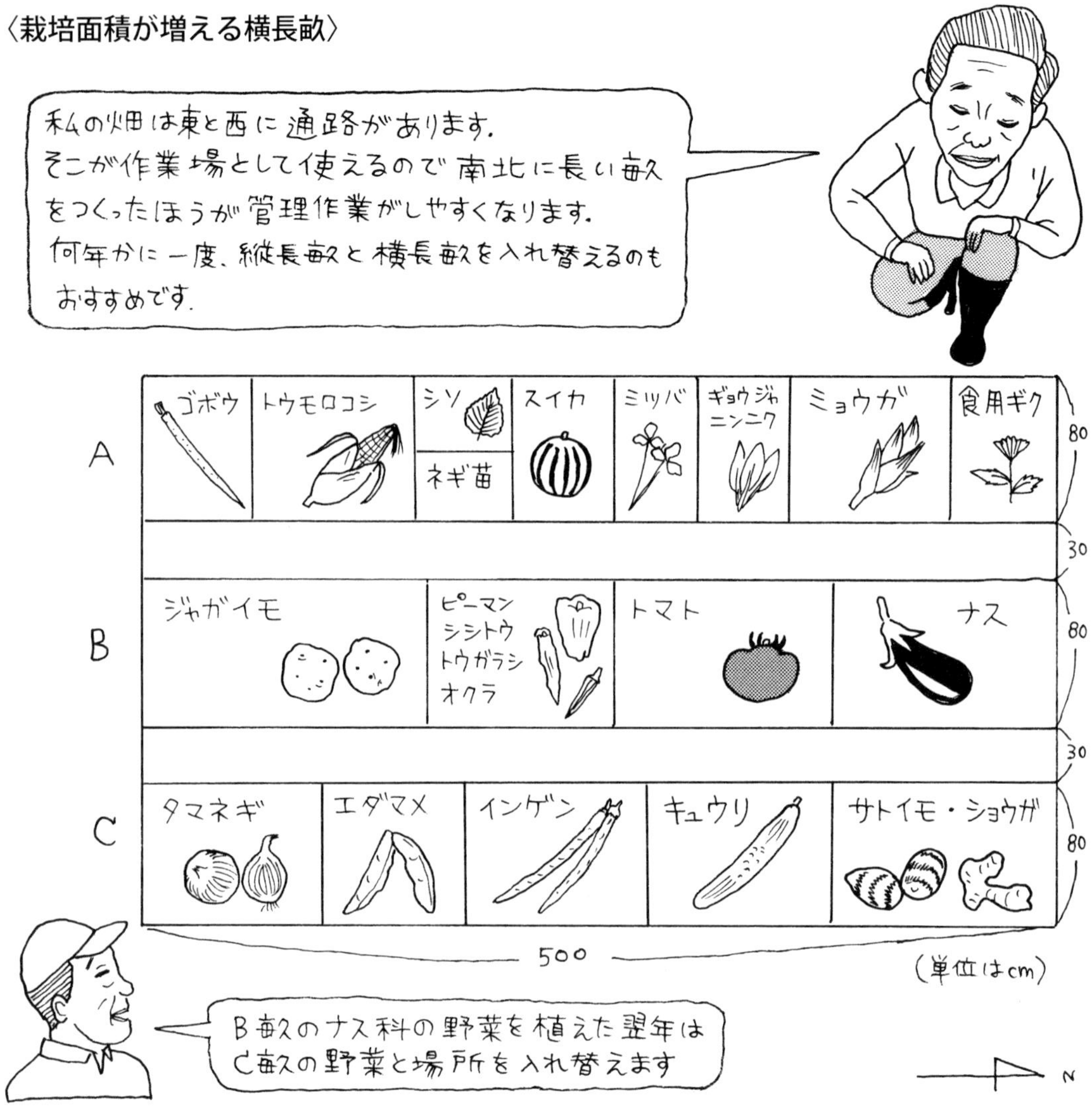

います。横長畝にすると通路が畝間と同様に作業スペースとなります。南北には隣の畑があるため、畑全部を有効に活用するには横長畝にしたほうがいいわけです。畝は長いほうが作業効率もよくなります。

　また、これまで畝間だったところにも野菜をつくれるので、連作障害の対策にもなると考えています。自前の畑だったり、市民農園でも私のように連続して借りられる畑では、数年に一度畝の向きを変えるのもおすすめです。先に紹介したとおり、方角も考えて畝の向きを考えてみてください。

〈秋冬野菜のために10月下旬には畑を空ける〉

まだ実がなる
もうちょっと
採れるな
ナス
11月まで
収穫
できるよ
ハクサイ
結球できない〜
早く植えて
くれないと
冬がきちゃう
ブロッコリー
早くまいて
くれないと
大きくなれ
ないよ
シュンギク
ダイコン

5 植えつけ時期を決める

(1) オリジナル栽培暦の作り方

菜園マップ作りが終わったら、栽培暦を作ります。次のページの表3は私の菜園の栽培暦です。ゾーンごとに植えつけ時期と収穫時期を決めて、それぞれの作業が遅れないように気をつけています。

秋冬作を失敗なくつくるためには、種まきと定植を適期に行なうことがとても大切です。そのために、春夏作の収穫が続いていても多少早めに収穫を終えてしまい、秋冬作の準備をするようにしています。

たとえばナスやシシトウは収穫を続けようと思えば十一月まで果実を採り続けることができますが、それでは秋冬作の種まきができません。なので、十月中旬には、花や小さい実がついていても株を抜き取り、葉菜の植えつけを行なっています。花がついていると、「もったいない」とついつい収穫を続けてしまいがちです。私も最初はそうしていたのですが、そうするとその場所は翌春までなにも育てることができなくなってしまうのです。

狭い畑でなるべく多くの野菜をつくりたいのならば、春夏作の終わりを事前に定めておくことがとても大切なこ

これから太る果実を落とすのは忍びないが、採り続けると秋冬野菜の作付けができなくなってしまう

培歴

9 10 11 12 1 2 3
上 中 下
▼キャベツ
エダマメ（晩生）
●ホウレンソウ
●ソラマメ
▼春キャベツ
●非結球葉菜類など
▼ブロッコリー
●ネギ
●ホウレンソウ
●コマツナ
▼ハクサイ
▼ハクサイ
▼レタス
▼タマネギ
●ダイコン
ジャガイモ▼
●ホウレンソウ

表3　私の栽

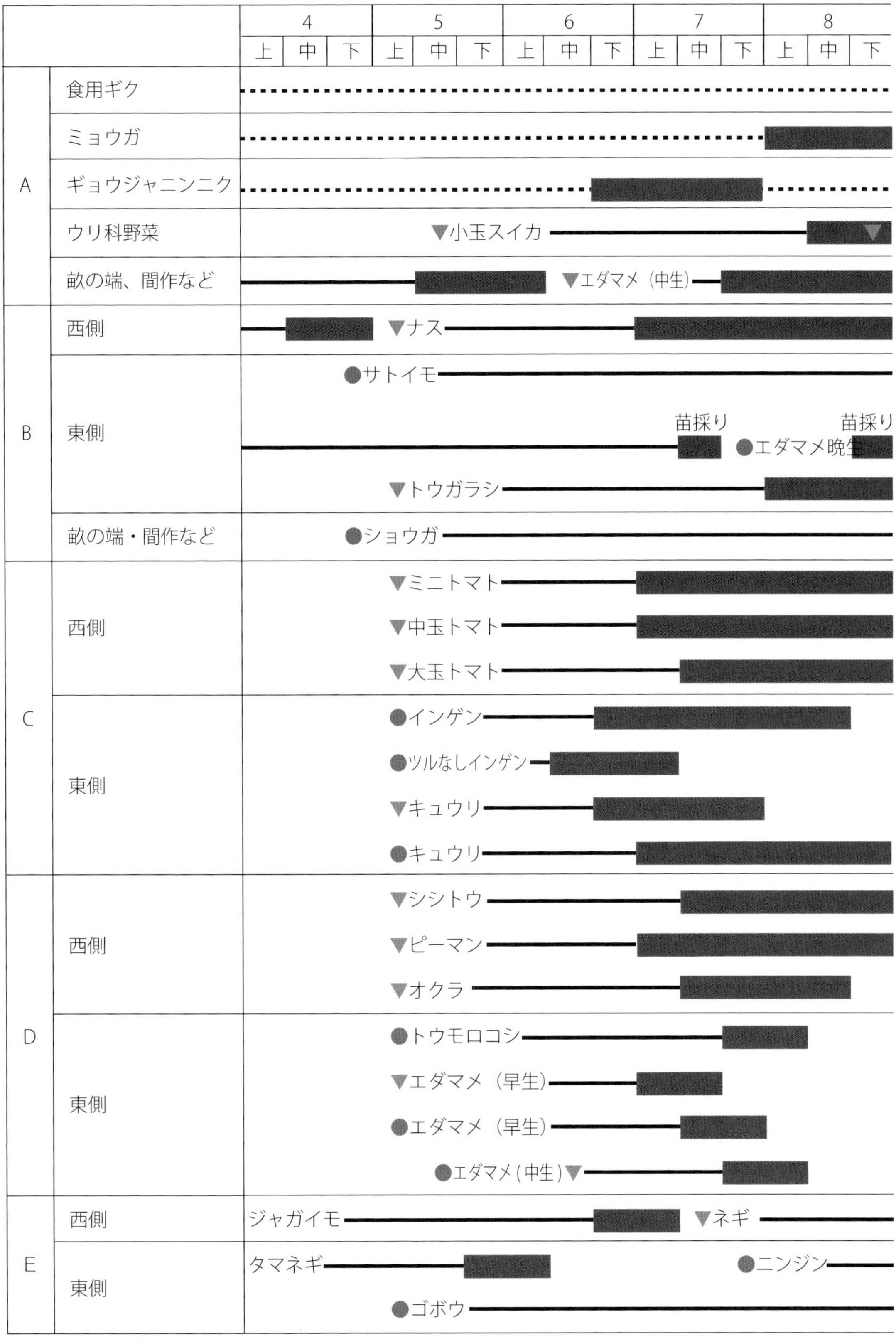

Eの西側のネギは、Bの畝で育てた苗を定植
タマネギはEの東側→Dの西側→Eの西側→Dの東側とつくり回すとよい
●：播種、▼：定植、■：収穫

表4　一般的な野菜の栽培暦（関東）

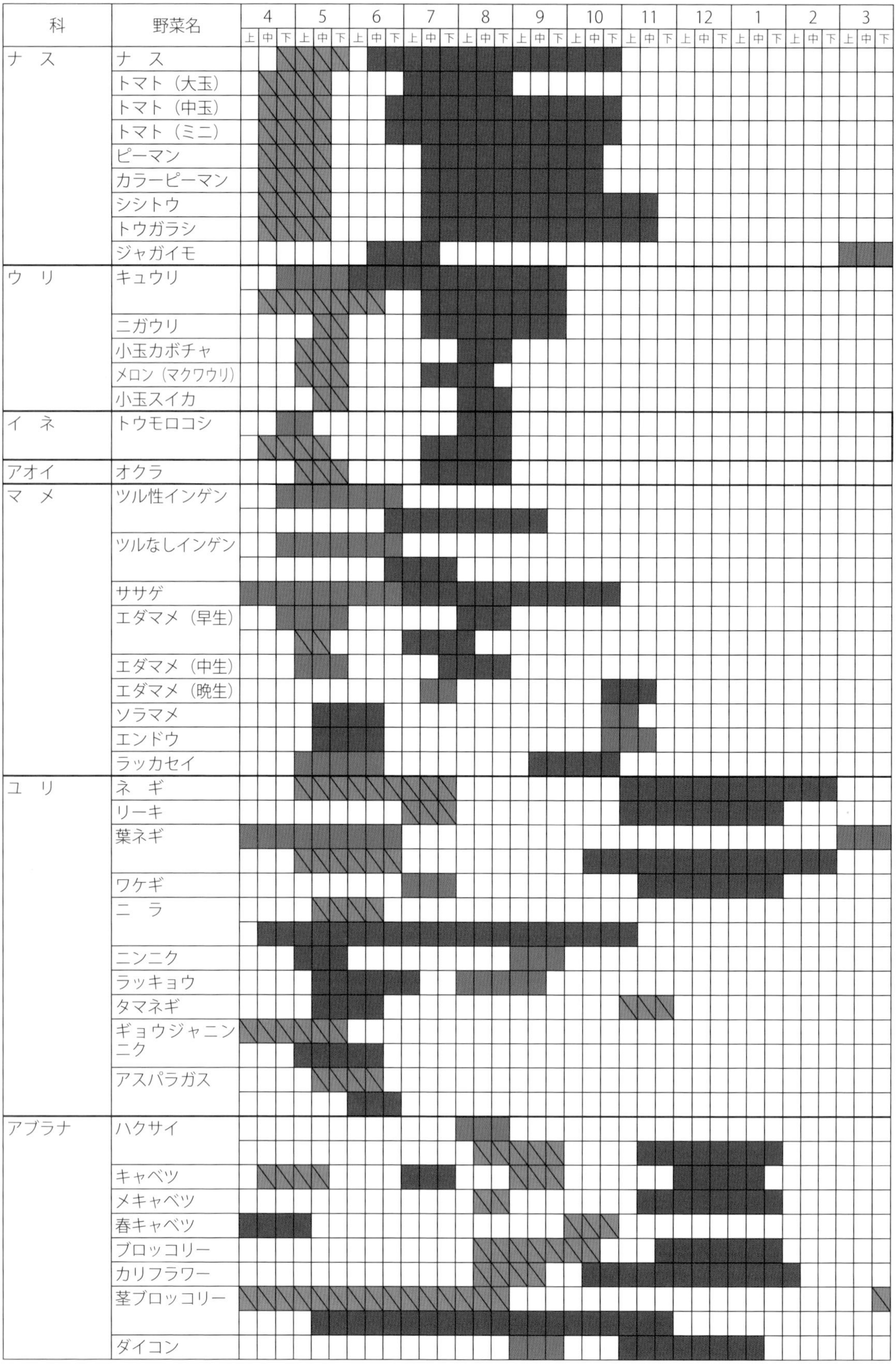
科
野菜名
4
5
6
7
8
9
10
11
12
1
2
3
上 中 下
ナス
ナス
トマト（大玉）
トマト（中玉）
トマト（ミニ）
ピーマン
カラーピーマン
シシトウ
トウガラシ
ジャガイモ
ウリ
キュウリ
ニガウリ
小玉カボチャ
メロン（マクワウリ）
小玉スイカ
イネ
トウモロコシ
アオイ
オクラ
マメ
ツル性インゲン
ツルなしインゲン
ササゲ
エダマメ（早生）
エダマメ（中生）
エダマメ（晩生）
ソラマメ
エンドウ
ラッカセイ
ユリ
ネギ
リーキ
葉ネギ
ワケギ
ニラ
ニンニク
ラッキョウ
タマネギ
ギョウジャニンニク
アスパラガス
アブラナ
ハクサイ
キャベツ
メキャベツ
春キャベツ
ブロッコリー
カリフラワー
茎ブロッコリー
ダイコン

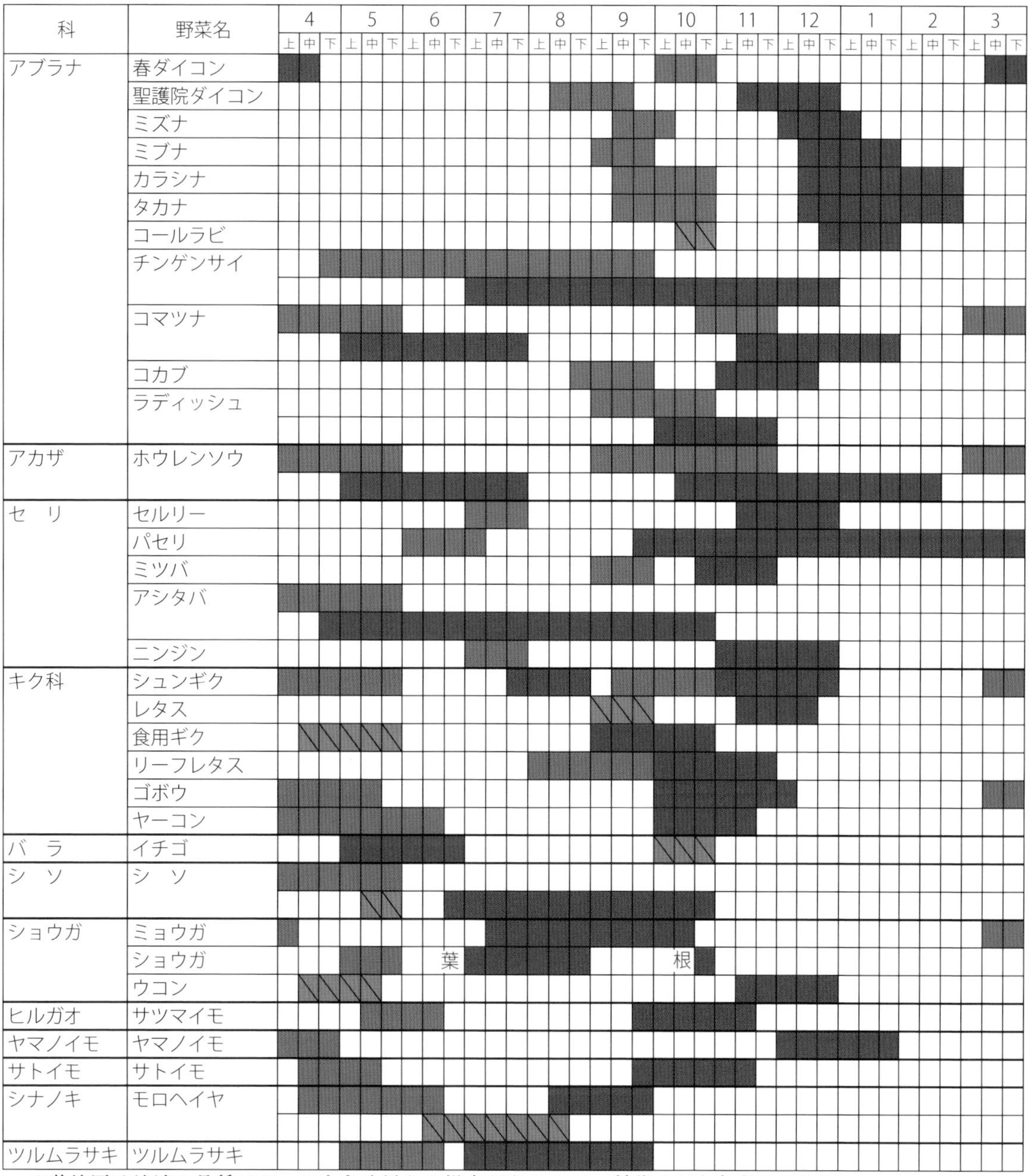

※栽培暦は地域や品種によって大きく異なる場合があるので、種袋なども参考にすること

以下はダイコン（タキイ種苗）の例

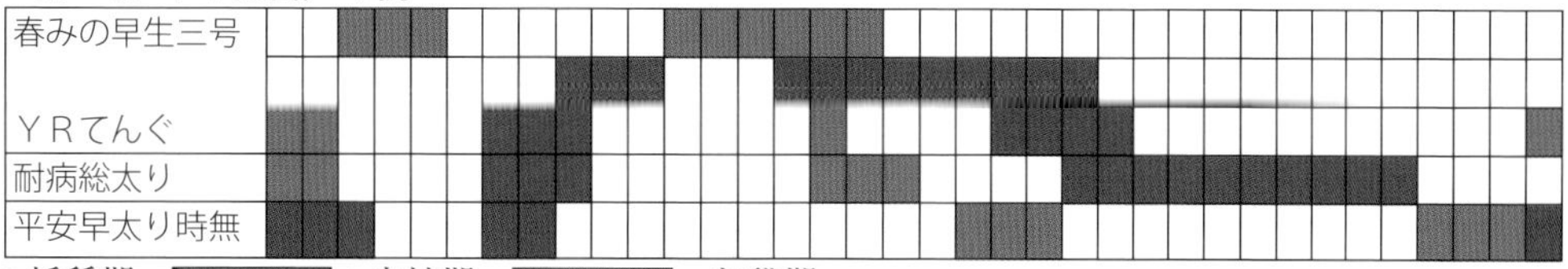

：播種期、 ：定植期、 ：収穫期

〈品種の差を利用して収穫時期を延ばす工夫〉

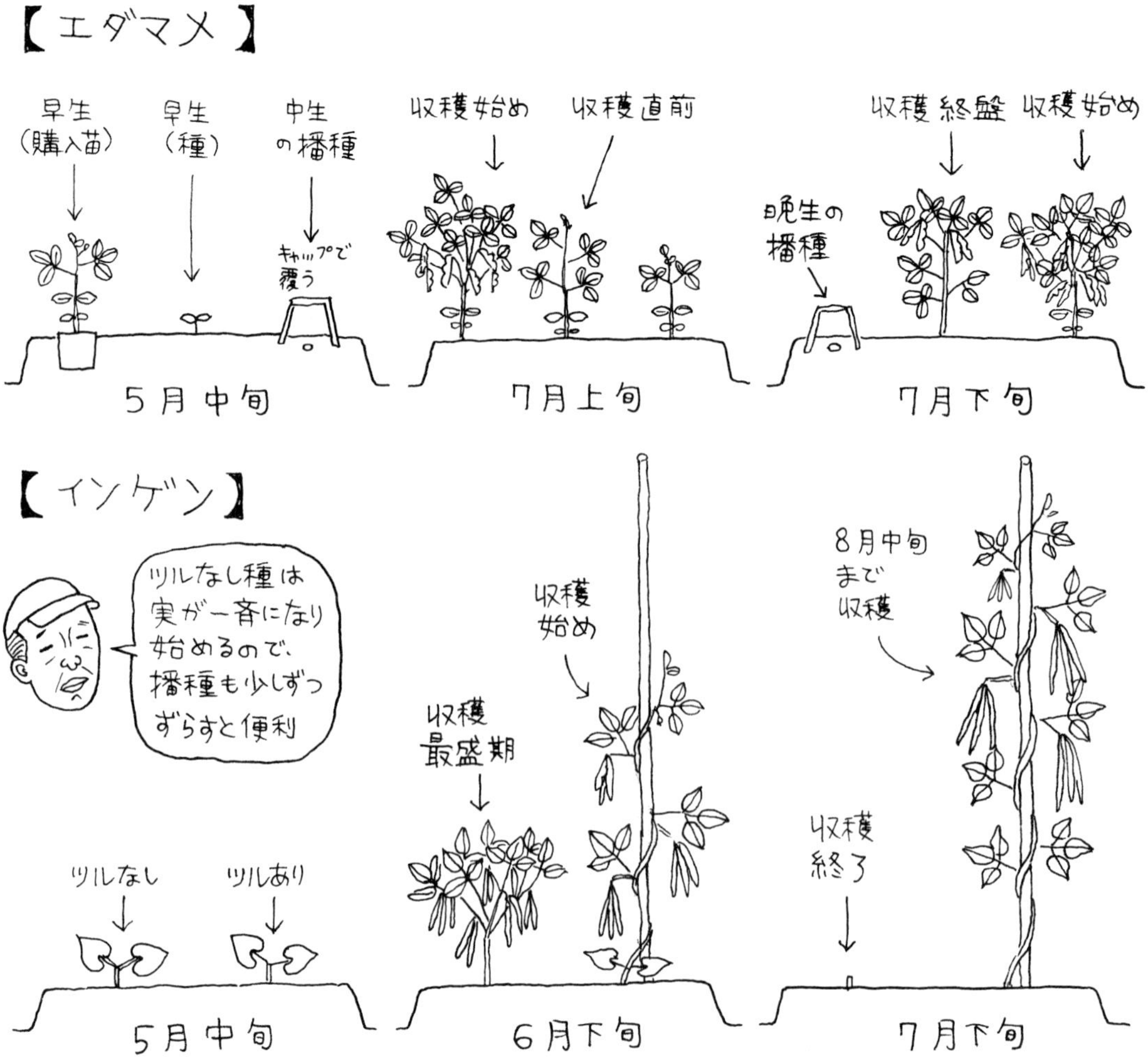

とです。

前頁の表4は一般的な栽培暦です。これを参考に、オリジナル栽培暦を作ってください。

(2) 収穫時期を延ばす工夫

私は狭い畑をフル活用するため、野菜それぞれの収穫時期をなるべく延ばす工夫をしています。まだまだ研究途中なのですが、いくつかご紹介します。

❶品種選びでずらす

野菜によってはそれぞれ品種ごとに、早生・中生・晩生と早晩性の違いがあります。この早晩性の違いを利用して収穫時期をずらすことができます。たとえばエダマメは早生品種を育てているときに中生と晩生品種の苗を育て、早生の収穫を終えたら中生を定植、その収穫が終わるころに晩生の栽培を始め、夏から秋にかけて年に三度エダマメを楽しむことができます。

また、インゲンはツル性とツルなし品種を同時に播種しています。ツルなし品種は早く収穫が始まり、すぐに終わります。ツル性品種はその後もひと月ほど収穫を続けることができます。

2 種と苗、播種時期の違いでずらす

キュウリは、購入苗を定植するとき、その株間に同じキュウリの種をまいています。苗で植えた株は六月下旬からひと月間ほどで収穫が終わってしまいますが、種をまいた株が育って、その後七月上旬からまたふた月間ほどキュウリを収穫できるようになります。

この方法はトウモロコシや苗を売っている結球野菜でも応用が可能です。

また、トウモロコシやコカブなどは単に播種時期をずらすだけでも収穫時期をずらすことができます。

収穫適期のダイコンは一度少し持ち上げて細根を切ってある。遅れて播いた春ダイコンはビニールトンネルで保温して生育促進

3 保温資材の利用でずらす

秋冬野菜は播種時期が遅れると十分に生育できなくなりますが、パオパオなどで覆って保温してやれば生育が促進されます。被覆したものとしないものとで収穫をずらすこともできます。

このほかダイコンでは、根毛を切って生長を遅らせることもできます。収穫適期になったら株を五cmほど持ち上げて元に戻せば、細かい根毛が切れて生長が鈍るのです。そのままにしておけば土中保存になり、一月中旬までいつでも収穫が可能です。

4 間引き収穫や脇芽収穫

秋冬の葉菜類などは間引き菜も立派な収穫物です。昨今はスプラウトと名づけてさまざまな野菜の新芽が売られています。ダイズのモヤシがよく利用されますが、コマツナもシュンギクも、ミズナもホウレンソウも間引いたものはすべて食用にでき、ハサミで間引けばそのまますぐに新鮮なサラダになります。

また、ブロッコリーは頂部の花蕾（普段食べているブロッコリー）を収穫したあと、株をそのまま残しておくと葉の下から脇芽が出てきて、小さいけれど立派なミニブロッコリーが収穫できます（八一頁）。

こうしたものはお店には並びませんが、どれも美味しく食べることができます。収穫を待つ間、本来の収穫を終えたあとのおまけ野菜として食卓を賑わせてくれるのです。

〈肥料のやりすぎが招く害〉

ヒョロヒョロ
害虫や病気が増える
ムシャムシャ
過保護な野菜は大好き!
チッソ
チッソ
チッソ
チッソ
チッソ
トマトは木ボケして着果不良に
トマトの葉が内側に向くのはチッソが多い
ハクサイはゴマ症に
タマネギはべと病が多発
すす状のカビが生える

① 連作障害を招く窒素過剰と微生物の偏り

第1章で紹介したように、家庭菜園では連作障害がとても大きな課題です。私の対策は、肥料をやりすぎないこと、落ち葉堆肥を入れて微生物を豊かにすること、ナス科を連続してつくらないことの三点です。この章では、肥料のやり方と落ち葉堆肥の利用について紹介します。

(1) 家庭菜園に多い肥料のやりすぎ

肥料はやればやるだけよい、家庭菜園の愛好家にはそう考えている人がいるようです。かつては私もそうでした。肥料代をケチってはよい野菜はつくれないと考え、美味しいといって食べてくれる家族の顔を思い浮かべながら肥料をまいていました。

また、養分を多く与えれば野菜が元気に育って、病害虫にもやられにくくなると考えていました。病害虫にやられたり、上手に野菜が育てられないと、それは肥料が足りないからだと考えていたのです。

ところが、これはまったくの間違いでした。肥料、とくに窒素肥料が過剰になると野菜にさまざまな害を与えます。

トマトでは茎葉ばかりが大きくなって、花が落ちてしまったりする〝樹ボケ〟という状態になり、スイカやメロンではツルばかり伸びてしまうツルボケとなります。ハクサイでは葉に黒い点々が出るゴマ症が生じたり、ダイコンでは軟腐病が出やすくなります。

どの作物でも窒素過多では害虫が出

やすくなり、病気にもやられやすくなってしまうのです。葉が軟弱になり、作物体内で病害虫に対する抵抗性を高めるフェノール化合物という成分が減少してしまうのだそうです。

(2) 堆肥のやりすぎにも注意が必要

連作障害のもうひとつの原因に、微生物の偏りがあります。同じ作物をつくり続けると有用微生物が減って土壌病原菌が増えてしまうのです。堆肥の施用は、微量要素を補い、微生物を増やす働きがあります。

ただし堆肥もやりすぎには注意が必要です。肥料のやりすぎはよくないと思っていても、堆肥は肥料と違っていくらやっても大丈夫、土づくりに多量の堆肥は欠かせないと考えている人がいますが、これも間違いなのです。堆肥、とくに牛や豚、鶏の糞などを主体にしている動物性堆肥には比較的多くの肥料成分が含まれていて、それを知らずにやっていると、いつのまにかまった肥料過多となってしまいます。

たとえば、牛糞を主体とした堆肥にはだいたい一%の窒素成分が含まれています。これを、家庭菜園の本によく書いてあるように二kg／㎡使うと、一㎡当たりに約二〇gの窒素成分が施されていることになります。これは、オール八の化成肥料（八－八－八）を二五〇gやったのと同じ窒素成分量です。マメ類など肥料成分を多く必要としない野菜をつくる場合、これではすでに窒素肥料の過剰といえます。豚糞や鶏糞主体の堆肥を使った場合では、さらにこの倍近くの窒素成分を施していることになります。

有機質の肥料や堆肥の場合、化成肥料に比べるとその効き方は穏やかで、土に施してすぐに野菜に吸われるということはありませんが、毎年過剰に使い続ければ肥料分が溜まってしまいます。動物性の堆肥を使う場合には、施用量を減らしたり、元肥を控えるなど、栄養過剰にならないように気をつけなくてはいけません。

私は身近な素材の中で、窒素成分がきわめて少なく（一％以下）、微量要素や微生物が増えやすい落ち葉で自家製堆肥を作って利用しています（四九頁）。材料はタダで手に入り、だれでも簡単に作れます。

落ち葉堆肥を作れない方は、腐葉土を使うことをおすすめします。完熟の腐葉土ならば窒素成分も少なく、ガス害なども怖くありません。使用量は年に一回、一㎡当たり二～三kgで十分でしょう。

〈使う肥料は２種類だけ〉

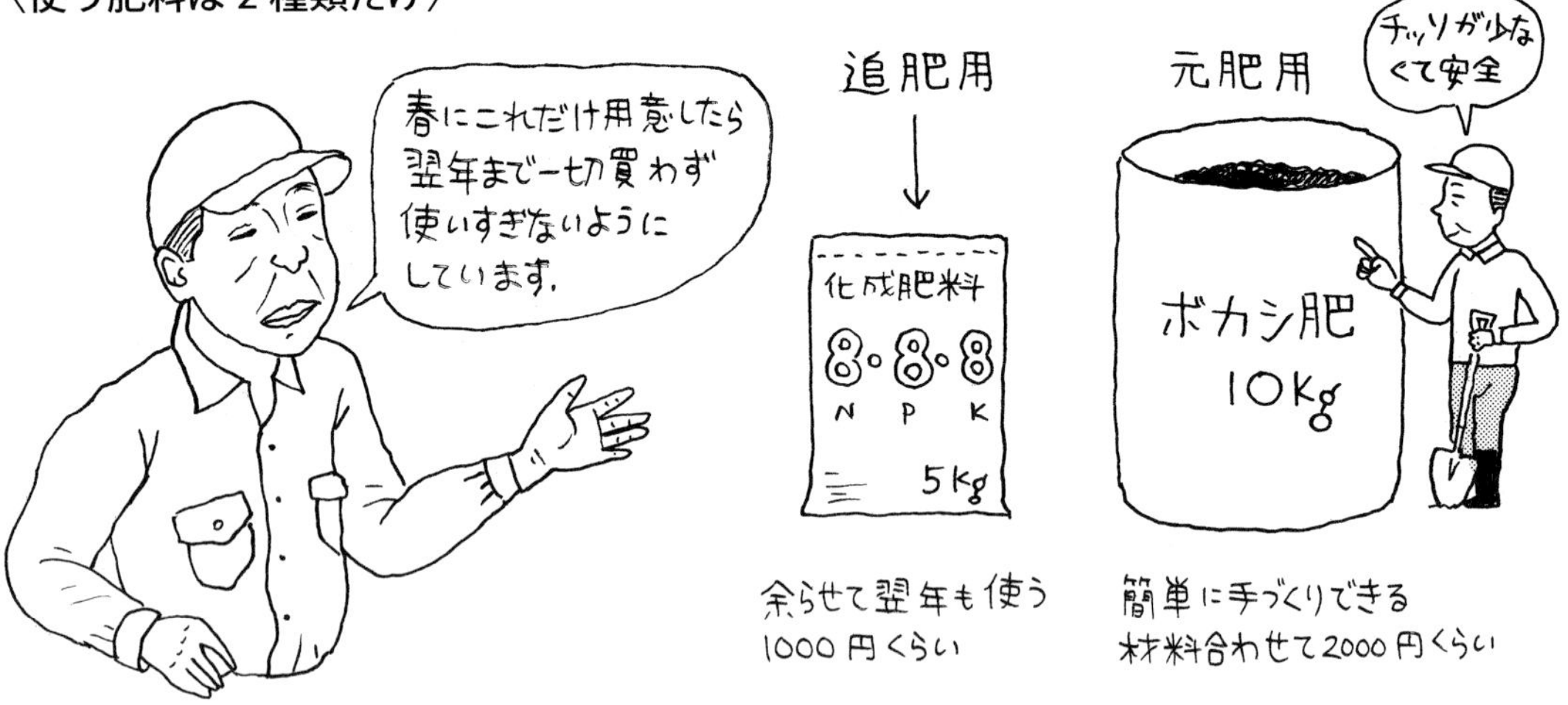

②家庭菜園におすすめのダイエット施肥

(1) 使う肥料は化成肥料三・五kgとボカシ肥一〇kgだけ

百害あって一利なしの過剰施肥ですが、肥料の買いすぎにもそもそもの原因があるようです。以前は私もそうでした。園芸店に行くとじつにさまざまな肥料が売っていて、トマトが美味しくなるなどと書かれているとついつい手に取ってしまいます。また、肥料や堆肥は多く買うほど安くなるので、それも必要以上に買う誘惑となります。

しかし、肥料のやりすぎがよくないとわかってからは、一年に必要な肥料を春先に購入し、あとは翌年までいっさい買わないようにしています。

使う肥料の種類も以前はさまざまなものを試しましたが、現在使っているのは、どこでも手に入るオール８の化成肥料と手作りのボカシ肥だけです。主要成分である窒素、リン酸、カリは化成肥料で補給し、その他の微量要素はボカシ肥や落ち葉堆肥で補給するという考え方です。使い方は、元肥には有機質のボカシ肥を、追肥には即効性のある化成肥料を使っています。

年間の野菜栽培に必要な肥料（窒素）の量は㎡当たりだいたい三〇～四〇g程度です。一五㎡の私の畑では、オール８の化成肥料（窒素分八％）を七kgも用意すれば年間の必要量は十分賄える計算になります。私は毎年春先に、だいたいボカシ肥（窒素成分約二・五％）一〇kgと化成肥料三～四kgほどを用意して、その量以上は買わないようにしています。

ボカシ肥は簡単に手作りできますし（五七頁）、園芸店でも手に入ります。なければ、肥料成分の少ない有機配合肥料などで代用してください。

〈一律元肥・タイプごと施肥でシンプル施肥管理〉

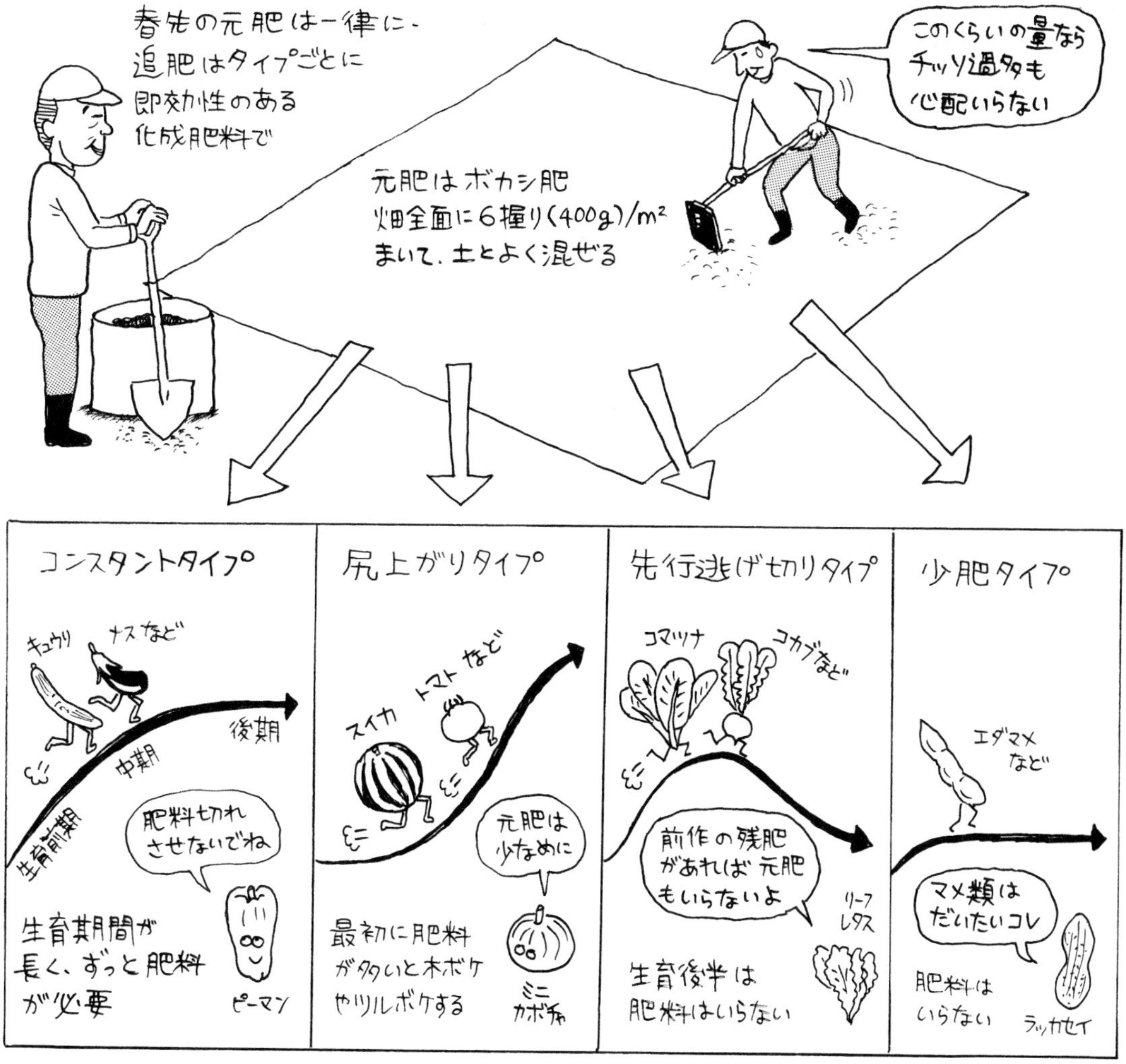

春先の元肥は一律に。追肥はタイプごとに即効性のある化成肥料で
このくらいの量ならチッソ過多も心配いらない
元肥はボカシ肥
畑全面に6握り(400g)/m²
まいて、土とよく混ぜる
コンスタントタイプ
キュウリ
ナスなど
生育前期
中期
後期
肥料切れさせないでね
生育期間が長く、ずっと肥料が必要
ピーマン
尻上がりタイプ
スイカ
トマトなど
元肥は少なめに
最初に肥料が多いと木ボケやツルボケする
ミニカボチャ
先行逃げ切りタイプ
コマツナ
コカブなど
前作の残肥があれば元肥もいらないよ
リーフレタス
生育後半は肥料はいらない
少肥タイプ
エダマメなど
マメ類はだいたいコレ
肥料はいらない
ラッカセイ

(2)「一律元肥・タイプごと追肥」でシンプル施肥管理

肥料は元肥と定期的な追肥とに分けて使っています。春先に全面元肥としてボカシ肥を畑全面に施し、定期的な追肥は即効性のある化成肥料で施しています。

緩効性肥料を使って元肥一発施肥にすることもできますが、野菜の生育を見ながら施用量を減らせるようにこの方法でやっています。足りない養分を新たに与えることはできますが、畑に溜まった過剰な養分を取り除くのは容易ではないからです。

春先の元肥は一㎡当たり、ボカシ肥六握り（約四〇〇g）を一律全面に施しています。これで窒素成分はだいたい一〇g／㎡以下となります。これならばマメ類を育てるのにも、肥料のやりすぎにはなりません。

秋冬作には、春夏作の食い残しが多

少あると考えて、とくに元肥は施していません。

(3) 野菜のタイプごと追肥で迷わない

追肥は、野菜のタイプごとに分けています。水口文夫氏の『家庭菜園コツのコツ』（農文協）にならい、大きくはコンスタントタイプ、尻上がりタイプ、先行逃げ切りタイプ、少肥タイプの四タイプに分けて、永年作物は別に管理しています（表5）。

❶コンスタントタイプ

春夏につくるナスやキュウリ、ピーマン、秋冬野菜ではハクサイやキャベツなどの結球葉菜類が当てはまります。これらは比較的生育期間が長く、養分をコンスタントに必要とします。肥料も収穫を終えるまでつねに必要で、こまめに追肥を施す必要があります。

たとえばこのタイプの果菜類であるナスには、収穫が始まったら追肥として、化成肥料を半握り（三〇～四〇g）ずつ、二週間に一度収穫まで続けます。

このタイプの結球葉菜類であるハクサイなら、間引き後とその二週間後に、それぞれ化成肥料を半握り株間に施すようにします。元肥はとくに施していません。

❷尻上がりタイプ

トマトやスイカ、ミニカボチャのほか、ゴボウやダイコンなどの根菜類が当てはまります。このタイプは元肥を少なく、追肥で尻上がり調子に育てます。元肥が多いとトマトやスイカはツルボケしやすく、ゴボウやダイコンは葉ばかりが茂ってしまう〝葉ボケ〟になりやすくなってしまいます。

追肥は、トマトやスイカでは三度に分けて施します。トマトでは第一花房の開花期、ひとつめの果実が一円玉大になったころ、第二花房が着果したころにそれぞれボカシ肥を半握りずつ施します。

ゴボウやダイコンは間引き後、それぞれ一本になったころに一回、化成肥料をひと握り施します。

❸先行逃げ切りタイプ

コマツナやチンゲンサイ、シュンギクなどの結球しない葉菜類のほか、カブやラディッシュなど生育期間の短い根菜もこのタイプに入ります。このタイプの野菜は生育期間が短く果菜類ほど多くの肥料を必要としません。

私は春夏野菜のあとにつくることが多いので、残肥を考えてこのタイプの野菜には肥料をいっさいやりません。春夏作でも、春先の全面元肥と前作の残肥で、養分は十分だと思います。

表5　追肥のタイプ分け

	野　菜	特　徴
コンスタントタイプ	ナス、シシトウ、ピーマン、オクラ、キュウリ、ニガウリ、サトイモ、ショウガ、ツル性インゲン、ハクサイ、キャベツ、レタス、ブロッコリー、カリフラワー、タマネギ、ニンニク、トウモロコシ、メキャベツ、ネギ、リーキ、ニラ、ワケギ、アサツキ、ラッキョウ、セルリ、イチゴ、シソ、アスパラガス、ギョウジャニンニク、ミョウガ、食用ギクなど	生育期間が長く、収穫を終えるまで養分が必要。追肥は2週に一度
尻上がりタイプ	トマト（大・中・ミニ）、小玉スイカ、ミニカボチャ、メロン（プリンス・マクワウリ）、トウモロコシ、ダイコン、ニンジン、ゴボウ、ヤマノイモなど	元肥が多いとツルボケする。追肥で尻上がり調子に育てる
先行逃げ切りタイプ	コマツナ、ミズナ、チンゲンサイ、ミブナ、カラシナ、タカナ、リーフレタス、ホウレンソウ、シュンギク、コカブ、ラディッシュ、アシタバ、ミツバ、セリ、コールラビなど	前作の残肥があれば元肥も追肥もいらない
少肥タイプ	エダマメ（早・中・晩生）、ソラマメ、エンドウ、ラッカセイ、ツルなしインゲン、ササゲ、ジャガイモ、サツマイモなど	肥料はいらない

4 少肥タイプ

エダマメやソラマメ、ツルなしインゲンなどのマメ類が当てはまります。マメ科の植物の根には根粒菌という菌が共生していて、空気中の窒素を植物が吸収する手助けをしてくれています。なので、このタイプの野菜には肥料を多く与える必要はなく、私は肥料をいっさいやっていません。逆に肥料をやってしまうと、エダマメでは過繁茂となって莢つきや実入りが悪くなり、ラッカセイでも徒長して収量が減ってしまったりします。

ただし、ツル性のインゲンだけは別格です。ツルを伸ばして体が大きくなるからか、多少多めの肥料が必要なのです。ツル性インゲンの施肥については七五頁で紹介します。

イモ類のジャガイモとサツマイモもこのタイプで、肥料は春先の全面元肥のみで十分です 肥料過剰はツルボケの原因となります。

〈追肥はゾーン管理でシンプルに〉

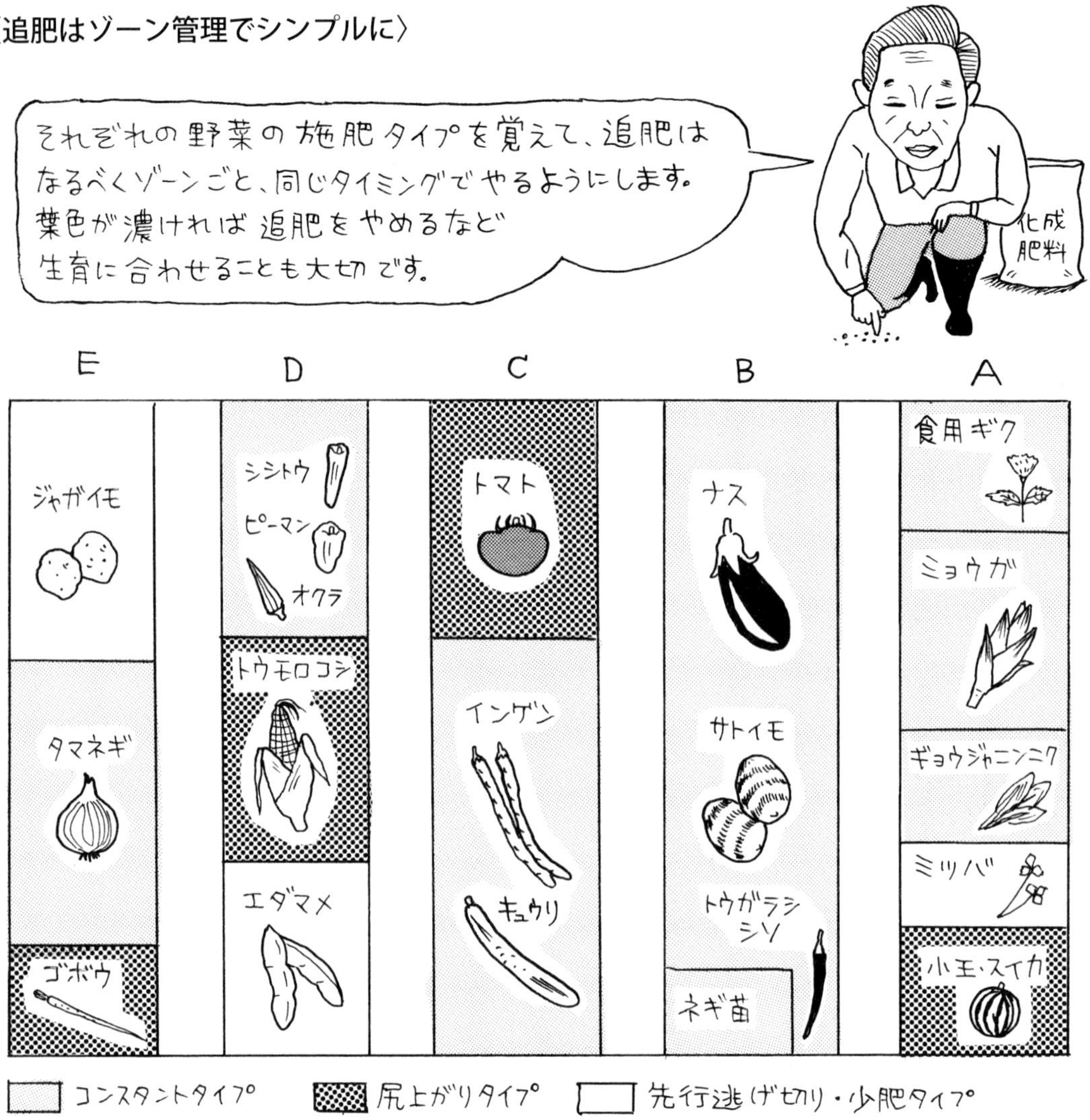

(4) ゾーンごと追肥で悩まない、やりすぎない

先に紹介した野菜のタイプ分けは、菜園マップを作る際にも考慮しています。

たとえば二四頁で紹介した春夏野菜の菜園マップでは、B畝にはコンスタントタイプのナスとサトイモを、C畝の東側やD畝の西側にも同じくコンスタントタイプの野菜をまとめて植えて、追肥をやるときはまとめてやれるようにしています。

秋冬野菜でも先行逃げ切りタイプの野菜を、コンスタントタイプであるサトイモの後作にして無施肥で栽培するなど、なるべく施肥をシンプルに、そしてやりすぎないような配置を考えています。

③ 連作を支える身近な落ち葉堆肥

(1) 土づくりは落ち葉を利用した自家製堆肥で

これまでに紹介した施肥について、人によっては随分少ないと感じることもあるかと思います。でも、土づくりをしっかりしていればまったく問題ありません。

私の畑では、多いところは同じ場所で年に三回も野菜をつくり、ほとんど休ませることなく、すぐ春先の作付けとなります。肥料は少なく、通常の野菜づくりに比べるとどれも密植して隙間なく畑を活用しています。

それでも連作障害と考えられるような生育不良は見られませんし、どの野菜も満足のいく収穫が得られます。この野菜づくりを下から支えてくれているのが、落ち葉を利用した堆肥による土づくりだと考えています。

落ち葉に限らず、堆肥の施用には作物が育つ環境を整える土壌改良効果があります。とくに植物を主体にした堆肥には繊維が豊富で、それが土をふかふかにしてくれるのです。そうした土壌にはさまざまな微生物や小動物が集まってきます。微生物の種類が豊富になれば、特定の病原菌だけが増えてしまうのを防ぎ、作物を病気から守る働きも生まれるわけです。

また、ふかふか堆肥には肥料成分を蓄える力があり、畑の養分を調整する働きがあります。肥料が多すぎたときは貯え、少なくなると供給してくれる、貯金箱のようなイメージです。野菜は種類によって肥料の要求量が大きく違いますが、堆肥が緩衝剤の役割を果たすので、野菜が肥料を必要なときに必要な分だけ吸うことができるようになるのです。

私は、年末年始に落ち葉を集め、土嚢袋に一〇袋くらいの落ち葉堆肥を作って利用しています。堆肥作りというとむずかしそうに感じるかもしれませんが、私の方法ならば手間はかからず、広いスペースも必要としません。

1月の畑の様子。落ち葉堆肥の詰まった土嚢袋を積んでいる

〈落ち葉には土着菌がいっぱい〉

落ち葉は
都会でも
簡単に
入手できる
落ち葉には、発酵に必要な糸状菌や酵母菌、
細菌がたくさん住みついている.
ミネラル豊富
ワーイ
ワーイ
ミミズも
大好き

(2) 豊富な養分と微生物に富んだ落ち葉

土づくりに落ち葉を使うのは、簡単に手に入るという理由のほかに、落ち葉がもつ素晴らしい性質に注目したからです。

野山に行って、積もった落ち葉をめくって見たことがあるでしょうか。落ち葉の下には、自然に腐食して粉々になった数年前の落ち葉があると思います。さらにその下には、団粒化したふかふかの土があるはずです。畑でも、落ち葉堆肥を使うと、土が目に見えて柔らかくなります。落ち葉は繊維質が豊富で、物理的に土をふかふかにしてくれます。また、落ち葉を餌とするミミズが増えるので、そのミミズが畑を耕してくれてもいるようです。

さらに、落ち葉はさまざまな養分の補給元としても優れています。落ち葉は種類にもよりますが、窒素・リン酸のほかに豊富なカリやカルシウム、マグネシウムを含んでいて、その他の微量要素も期待できるようです。

また、落ち葉は水をかけて野積みしておくだけで、数日もすれば菌糸が張って発酵が始まります。このことから、落ち葉の表面には多様な微生物がすみついていて、落ち葉堆肥にはこれらの有用微生物を土中に増やす働きもあると考えています。

(3) 一石三鳥の「落ち葉堆肥の畝間施用」

落ち葉堆肥が最高の土づくり資材であることがわかっていても、狭い畑では堆肥作りをするスペースがありません。そこで、落ち葉堆肥を畝の間に埋めてしまう方法を考えつきました。

冬に仕込んだ落ち葉堆肥を、春作で畑が埋まってしまう前の春先に、畝間に溝を掘って埋めてしまうのです。こうすれば堆肥化に場所をとりません。

〈落ち葉堆肥の畝間施用〉

春先には畑全面を耕して完熟した畝間の堆肥をすき込む。
畑全体がふかふかに
かといって積んでおく場所もない
落ち葉堆肥は土つくりにいいんだけれど、未熟なうちは畑に入れられない・・・
畝間がふかふかだ
落ち葉堆肥を入れた上に土でフタをする
畝間に埋めれば場所をとらない
落ち葉堆肥
畝間の通気性や保水性が高まって野菜の根が伸びる
ワーイ落ち葉だ!
落ち葉大好き!
ミミズや微生物も増える

また、市民農園では頻繁に畝間を歩くので、どうしても踏み固めてしまいますが、落ち葉堆肥を埋め込むと、どんなに歩き回っても畝間が硬くなることはなくなりました。

落ち葉は畝間の通気性や保水性を高めてくれ、秋に掘り返すと、水や空気を求めているのか果菜類の根が畝間までよく伸びています。

いいことばかりの落ち葉堆肥ですが、生の落ち葉をそのまま埋めると発酵の際にガスが出て、野菜の根が障害を受ける心配があります。そうならないように、落ち葉を集めてから畝間に埋めるまでの三か月ほどは土嚢袋を使って発酵を早めるようにしています。一月後半から春先までは畑に空きスペースもできますので、土嚢袋を置く場所もあります。

公園や街路樹の下など、落ち葉は住宅地でも手に入る

④ 落ち葉堆肥の作り方と使い方

(1) 落ち葉を集める

私は、十二月〜一月上旬に、公園や街路で落ち葉を集めています。一月中旬になると公園の落ち葉は清掃されてなくなってしまうことがあり、正月休みを終えたら新年初めの恒例の仕事として落ち葉集めをしています。

これを土嚢袋にぎっしり詰めて、自転車に積んで畑に運びます。落ち葉集めに使っているのは二〇ℓの土嚢袋で、ぎゅうぎゅうに詰め込むと四kgくらいになります。私は畑に行く途中で落ち葉を集め、自転車の前後に積んで運びます。一五㎡の畑に全部で土嚢袋一五袋分の落ち葉を集めています。

落ち葉を集める際に、太い枝やゴミは分別して土嚢袋に入れないようにします。いずれも分解されにくいからです。爪楊枝くらいの細い枝ならば多少混ざっていても問題ありません。また、イチョウや針葉樹の葉は発酵しにくく時間がかかるので、なるべく避けるようにしています。

また、可能ならば落ち葉集めは雨の

公園で集めた落ち葉を自転車で運ぶ

〈落ち葉堆肥の作り方〉

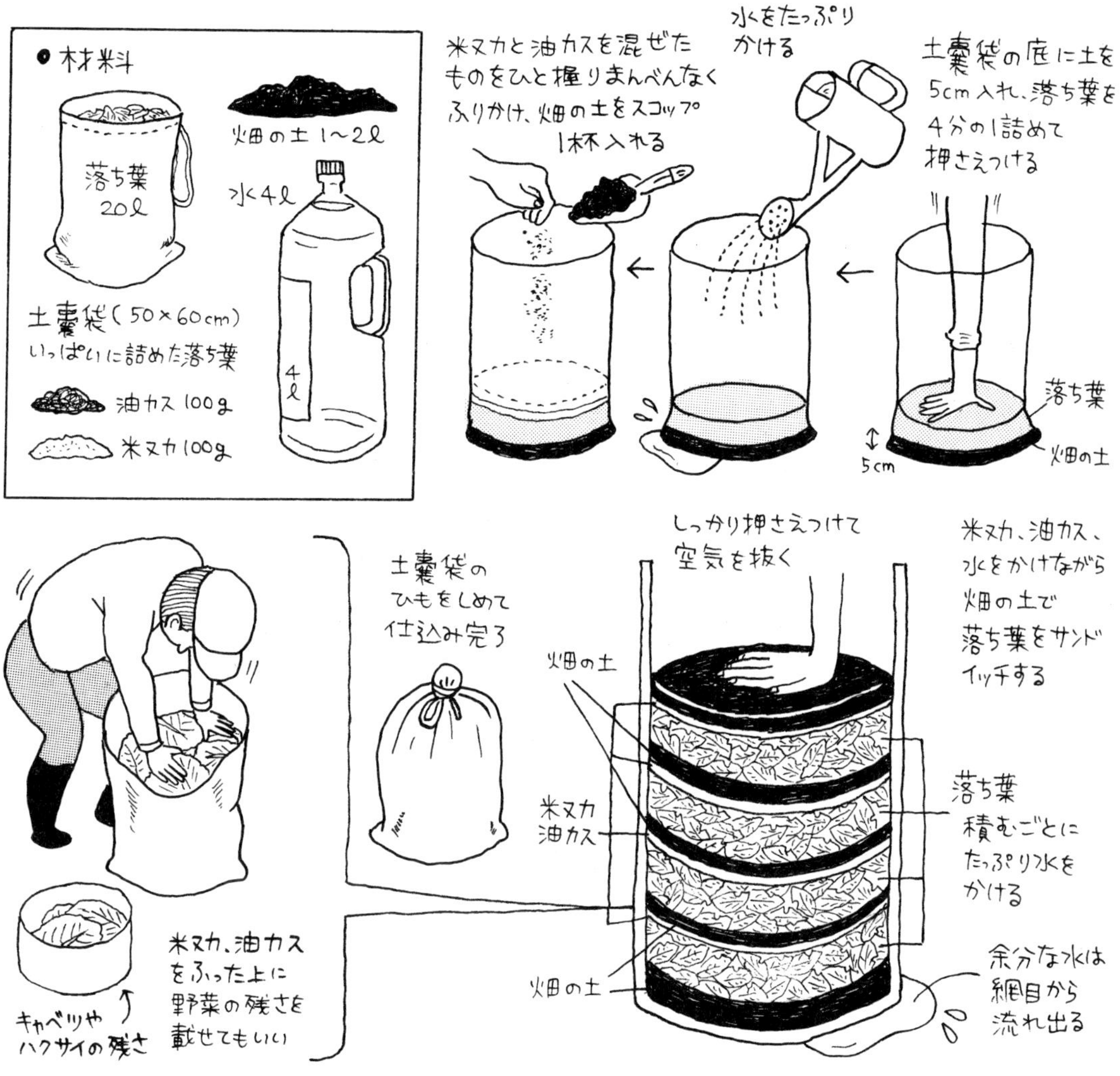

●材料
落ち葉 20ℓ
畑の土 1〜2ℓ
水4ℓ
4ℓ
土嚢袋(50×60cm)いっぱいに詰めた落ち葉
油カス100g
米ヌカ100g
米ヌカと油カスを混ぜたものをひと握りまんべんなくふりかけ、畑の土をスコップ1杯入れる
水をたっぷりかける
土嚢袋の底に土を5cm入れ、落ち葉を4分の1詰めて押さえつける
落ち葉
5cm
畑の土
しっかり押さえつけて空気を抜く
米ヌカ、油カス、水をかけながら畑の土で落ち葉をサンドイッチする
土嚢袋のひもをしめて仕込み完了
畑の土
米ヌカ油カス
落ち葉積むごとにたっぷり水をかける
畑の土
余分な水は網目から流れ出る
米ヌカ、油カスをふった上に野菜の残さを載せてもいい
キャベツやハクサイの残さ

日の翌日にしています。仕込む際に落ち葉を濡らす手間が省けるからです。

(2) 堆肥を仕込む

畑に持ち帰ったらなるべく早く堆肥の仕込みを行ないます。春先までになるべく発酵を進めたいので、仕込みは一月中には終えるようにします。

落ち葉の堆肥作りは小さい土嚢袋（五〇×六〇cm・二〇ℓ）で行ないます。大きい土嚢袋を使うと、畑作業の際などに移動させるのが大変になります。土嚢袋はホームセンターで手に入ります。

用意するものは米ヌカと油カス、それに畑の土と水です。米ヌカと油カスは凝縮した落ち葉の各五%程度を使います。五〇×六〇cmの土嚢袋一杯の落ち葉なら、米ヌカと油カスそれぞれ一〇〇gずつ、畑の土を一〜二ℓくらい用意します。水は四〜五ℓもあれば十分です。以下は作業の手順です。

〈落ち葉堆肥の切り返し〉

①土嚢袋の底に畑の土を五cmほど入れ、その上に落ち葉四分の一を入れて踏みつけるか、手で強く押さえて凝縮させる。落ち葉の量は、押さえつけた状態で落ち葉の層が一〇cmになるくらいまで。

②ジョウロで水をかける。水は落ち葉全体が握って水気を感じるくらいタップリとかける。

③米ヌカと油カスを混ぜたものをひと握り、落ち葉の表面にまんべんなくふりかけ土をのせる。米ヌカと油カスは落ち葉を分解する微生物の餌となり、発酵促進剤となる。

④落ち葉四分の一を重ねて米ヌカと油カスをふりかけ土をのせる。これを二度繰り返して最後に落ち葉を重ね、土をかぶせてふたにする。土嚢袋のひもをしめて仕込みは完了。

私は、秋冬野菜の残さを処理するために、米ヌカ・油カスをふったうえにハクサイやキャベツの残さを載せています。ハクサイの葉であれば一〇枚程度をちぎって、重ねてから土を載せます。

堆肥作りの仕込みのコツは、水をタップリ落ち葉に含ませることと、しっかり踏み込んで空気を抜くことです。こうすると乾燥を防止でき、発酵を促進することができます。土嚢袋なので、余分な水は隙間から漏れ出ます。やりすぎることはありませんので、落ち葉が湿るまで十分に給水してください。

(3) 切り返す

落ち葉を詰め込んだ土嚢袋は畑に積んで、雨に当たらないようにビニールをかけておきます。三週間もたつと二月の寒い時期でも発酵熱で袋の中は温かくなっています。そして仕込みからひと月たったら、切り返しの作業を行ないます。この作業は、土嚢袋の落ち葉に空気と水分を補充して、発酵を均

〈落ち葉堆肥を畝間に埋める〉

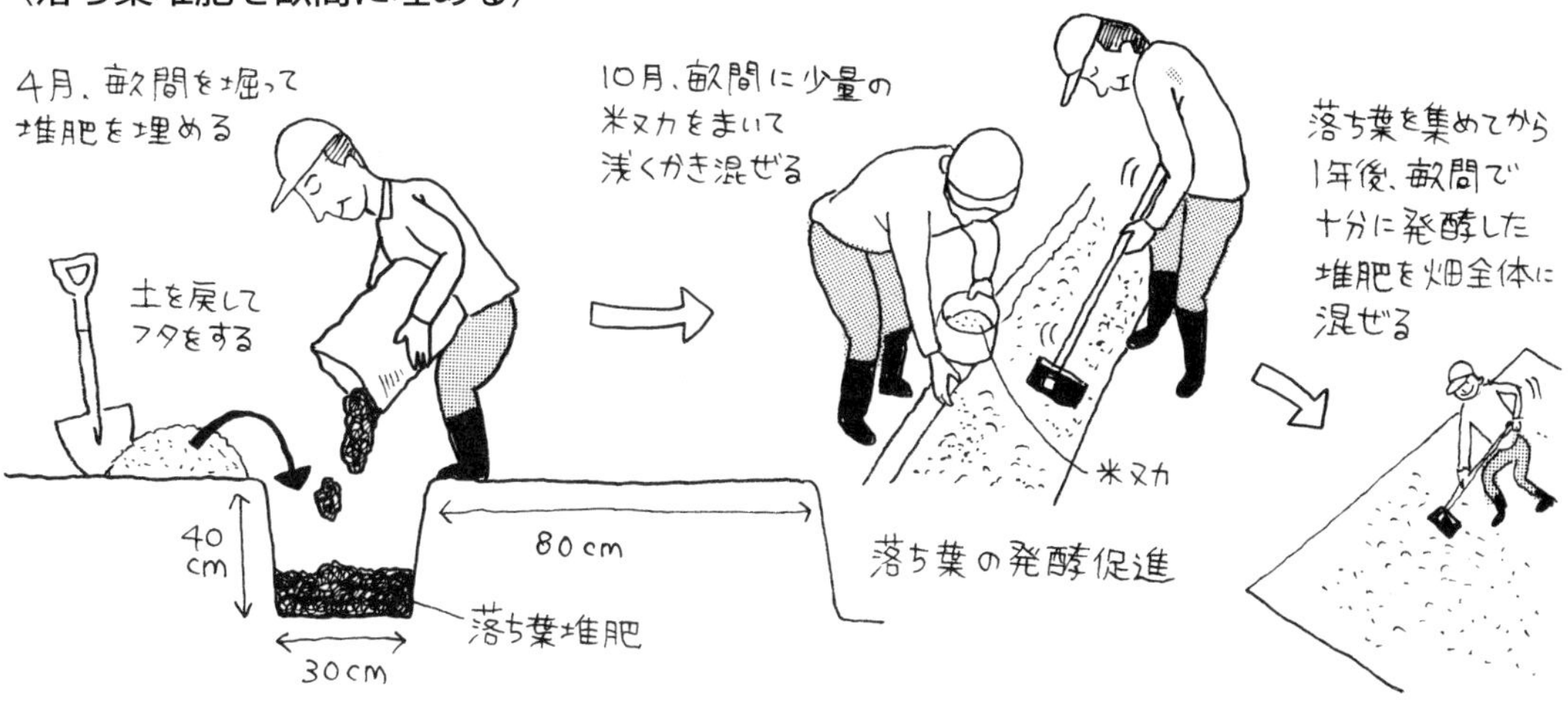

一に促進するために行ないます。

切り返しを簡単にやる方法は、袋の詰め替えです。土嚢袋を一枚余分に用意しておき、落ち葉堆肥を入れ替えます。落ち葉が乾いていたら発酵は進みませんので、入れ替えながらジョウロで水をかけてやります。そうして空いた袋に、また別の土嚢袋から落ち葉を入れる、という作業を繰り返せば切り返しができます。

切り返しを行なうと、また発酵が盛んになり、堆肥は発熱します。私はこのあと春先までに、だいたい三週間ごとに三回ほど切り返しを行なっています。切り返しをして発酵が進むと落ち葉の分解が進み、土嚢袋いっぱいに詰めた落ち葉は、四月上旬には三分の二ほどまでに体積が減っています。

(4) 畝間に埋める

三月の末から四月初旬にかけて、畑全体を耕起して、石灰や元肥の施用、畝立てを行ないます（九〇頁）。作業の際には土嚢袋が邪魔になるのでよけておきます。

四月になっても土嚢袋の中の落ち葉は原型を留めていて、まだ完熟にはほど遠い状態です。しかし五月上旬には春夏野菜の植えつけが始まるので、いつまでも畑に置いておくわけにもいきません。

そこで、畝立てをするときに畝間を掘って、そこに落ち葉堆肥を埋めてしまいます。まず菜園マップに従って畝を立てる位置を決め、畝の間を三〇〜四〇cm掘って溝を作ります。その溝に落ち葉堆肥を入れて土を埋め戻します。落ち葉堆肥は、畝の表面に堆肥マルチとして利用したりもするので、いつも二袋くらいは残しておきます。私は毎年、土嚢袋一五袋の落ち葉堆肥を作っています。畝間は四本あるので、一本の畝間にそれぞれ三袋分くらいの堆肥を入れることになります。

9月　畝間に埋めた落ち葉堆肥は、ほとんど原形が残っていない

12月　落ち葉は分解されて畝間を掘っても出てこない

畝間の土。落ち葉が分解されてふかふかの団粒構造ができている

畝間に土を戻したら、畝を立て形を整えて、黒マルチをかけて春夏野菜の植えつけ準備を行ないます。一週間後にナスやトマトなど果菜類の植えつけです。

(5) 秋に米ヌカを混ぜて発酵を促す

十月頃、秋野菜を植えつける時期に畝間を掘ってみると、落ち葉の分解は進んでいて手で握るとすぐに崩れる状態になっています。ただ、まだこの状態で畝に混ぜ込んでしまうとダイコンやニンジンなどが股根を起こす原因となってしまいます。

なので、秋野菜の植えつけは畝の上部を浅く耕すだけにして行ないます。植えつけなどがすんだら、畝間には米ヌカを少量（半握り／㎡）ほど散布して、スコップで軽く土と混ぜてやり、落ち葉の発酵を促すようにします。

(6) 畝間の落ち葉を畑全体に混ぜる

落ち葉を集めてから一年、年が明けてから畝間を掘り返すと、もう落ち葉の形は残っていません。ほとんど野菜の収穫が終わった二月、畑全体を耕起して、畝間の落ち葉堆肥を畑の隅々まで混ぜるようにします。

5 ボカシ肥の作り方と使い方

(1) 落ち葉堆肥とセットの万能発酵肥料

落ち葉堆肥の畝間発酵は、土壌中に有用微生物が豊富にいてこそ成り立ちます。私は落ち葉堆肥と、微生物を増やす有機質肥料をセットにして使っています。

油カスや魚カスなどの有機質肥料は、微量要素や多くのミネラルを含んでいて野菜づくりに適しているのですが、そのまま使うと分解過程で発生するガスや害虫の害が心配です。また、これらは土壌中の微生物にいったん分解されてから作物に吸収されるため、肥料効果がすぐには現われないという欠点もあります。

そこで、これらの有機質肥料をいったん発酵させてボカシ肥にしてから使うようにしています。有機質肥料を一回発酵させることによって、悪い微生物が増殖するのを防ぎ、肥料効果もすぐに現われるようになります。ボカシ肥を使うと野菜の味がよくなり、土壌中の微生物が増えるためか野菜の病気も減ります。株元に使っても肥料やけを起こさず、根の張りがよくなるようです。

最近は園芸店でも手に入りますが、高価であることも多いので自分で作っています。手作りすれば、市販されているものの約半分の値段でできます。材料はどこでも手に入るものだし、作り方もむずかしくなく手間もかかりません。畑通いの片手間でできますので、ぜひ挑戦してみてください。

次に紹介する方法で作ったボカシ肥は、だいたい窒素二・五％、リン酸二・五％、カリ一％くらいの有機肥料となります。

(2) ボカシ肥の作り方

ボカシ肥を仕込むのは三月ごろです。やることが少ない冬に仕込みたいところですが、気温が低いと、微生物の働きも鈍く、発酵が十分に進みません。

❶材料の準備

容器は漬物用二〇ℓのポリバケツを使っています。材料は畑の土を五kgと、米ヌカ五〇〇g、油カス二kg、鶏糞、骨粉、魚カスをそれぞれ一kg。どれも安く手に入るものです。畑の土を使うのは、その土地に合った微生物がいて、有機物の分解を助けてくれると考えるからです。

ほかにもオカラやフスマ（小麦の麩《ふすま》）なども使えます。入手しやすいものを選んでアレンジしてもいいでしょう。私はミカンの皮、昆布・鰹節・煮干な

魚粉
甘く・美味しくしたい!
骨粉

ボカシ肥の材料。左上から時計回りに畑の土 5kg、魚カス 1kg、骨粉 1kg、油カス 2kg、鶏糞 1kg、米ヌカ 500g

〈ぼかし肥の作り方〉

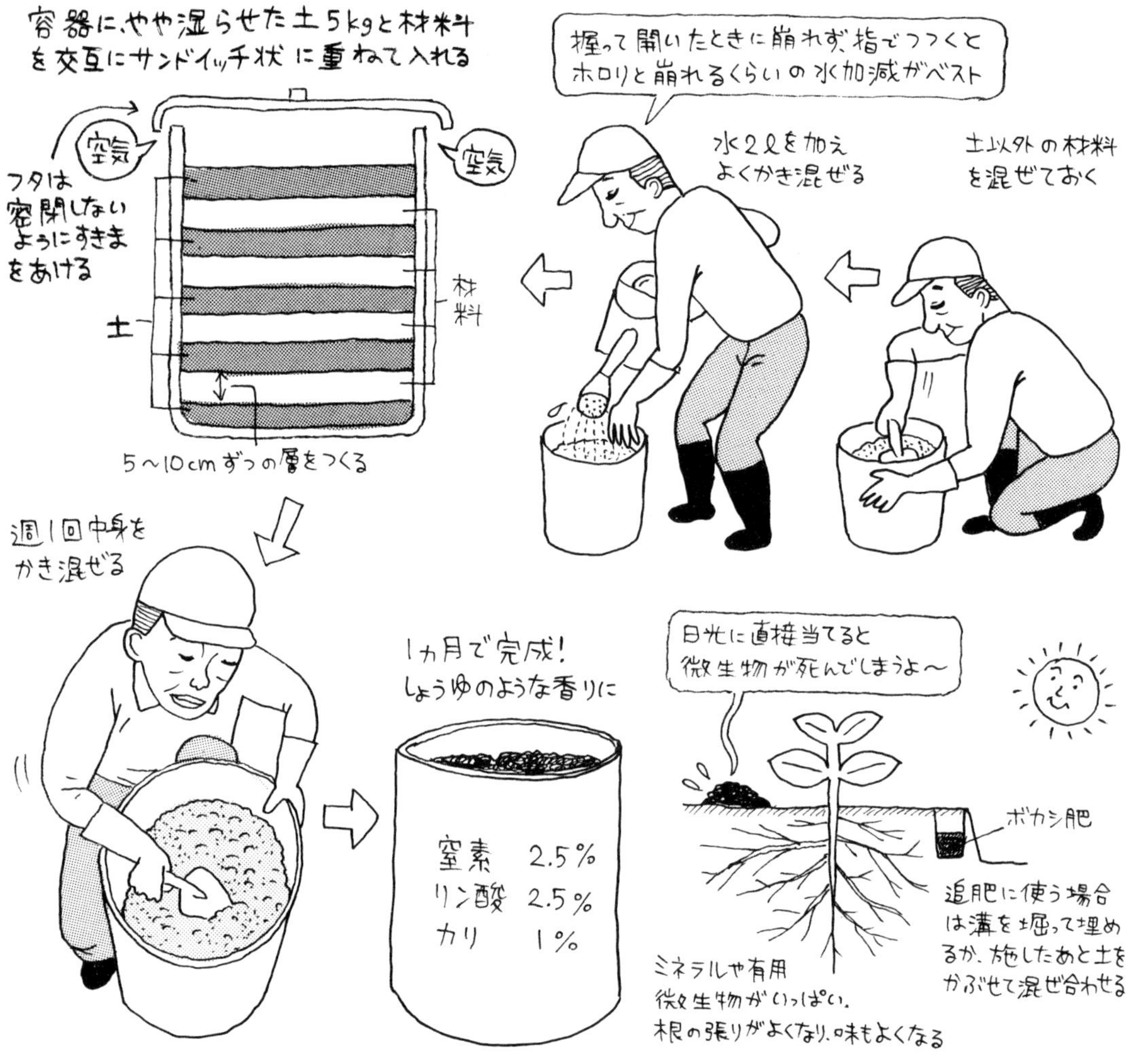
容器に、やや湿らせた土 5kgと材料を交互にサンドイッチ状に重ねて入れる
空気
空気
フタは密閉しないようにすきまをあける
土
材料
5〜10cmずつの層をつくる
握って開いたときに崩れず、指でつつくとホロリと崩れるくらいの水加減がベスト
水2ℓを加えよくかき混ぜる
土以外の材料を混ぜておく
週1回中身をかき混ぜる
1カ月で完成!
しょうゆのような香りに
窒素 2.5%
リン酸 2.5%
カリ 1%
日光に直接当てると微生物が死んでしまうよ〜
ボカシ肥
追肥に使う場合は溝を掘って埋めるか、施したあと土をかぶせて混ぜ合わせる
ミネラルや有用微生物がいっぱい。
根の張りがよくなり、味もよくなる

ど出し汁のカス、カニガラ、卵殻などの生ゴミを乾燥させてミキサーで粉にして加えています。

❷材料を混ぜて仕込む

用意した土以外の材料をバケツなどに入れ、水を三ℓほど加えてよく混ぜておきます。漬物用ポリバケツの底に土を二cmほど敷いて、その上に混ぜておいた有機資材を同じ厚さに重ねます。以後、土と資材をサンドイッチ状に積み重ねて、最後は土を重ね、バケツのふたをして仕込みは完了です。発酵には酸素が必要なので、バケツのふたは密閉しないようにします。

ボカシ肥の成功の秘訣は水の量です。水が少ないと発酵が進まず、多いと発酵中に酸素不足になって嫌気発酵が進み、臭くなります。水を混ぜた有機資材を手に握って、開いたときに崩れず、指で突くとほろりと崩れるくらいがちょうどいい水分量です。手を開いてすぐに崩れるようなら水不足で、握ったときに水がにじんだり、指で突いても崩れなければ水分過剰です。水を多く入れすぎてしまったら、材料を増やすか、燻炭《くんたん》や乾いた土を入れて調節してください。

❸切り返して一か月で完成

その後、週に一度中身をかき混ぜて、ひと月ほどたったら完成です。仕込んだ直後は鰹節のような匂いがして、最後はしょうゆのような香りに変わります。悪臭がするものは発酵に失敗したものです。失敗することは少ないのですが、こうなったら使わないようにしています。

(3) ボカシ肥利用のポイント

そのままでは効きの遅い有機質肥料も、ボカシ肥にすると即効性があります。ボカシ肥は窒素・リン酸・カリを施すという肥料本来の目的のほかに、土壌中に有用微生物を増やすという働きもあります。ボカシ肥には微生物が生きていますので、施す際には溝を掘って埋めるか、表面施用後に土をかぶせて混ぜるようにします。表面施用して直射日光に当てておくのは禁物で、せっかくの微生物が死んでしまいます。これは保存する際にも気をつけてください。施用する際に土がからからに乾いていたら水をまいてやりましょう。

春先の全面元肥では、畑にまんべんなくまいて土と混ぜます。植えつけ時に施す場合は、マルチをめくって畝の肩に条まきして土と混ぜます。二条植えの場合はその間にやる場合もあります。

第4章

野菜ごとの栽培ポイントと施肥

〈マニュアル本は狭い畑に合わない〉

株間80cmか〜
いいのはわかるけど
これじゃ少ししか
つくれないなあ
肥料も
やりすぎだな〜
スカスカ
だな〜
お休み

書店に行けば野菜づくりを教えてくれる本はたくさん並んでいます。しかし、市民農園や庭先菜園などの面積が限られた小さい畑での野菜づくりは、これらの本に書かれた方法では合わないことがよくあります。

たとえば、株間や畝間はなるべく広いほうが風通しも日光の当たりもよく、野菜にとっては理想的な環境なのですが、狭い畑で多種類の野菜を楽しみたいのでどうしても密植になってしまいます。連作を避けることや輪作についても、わかってはいても小さい畑では限界があります。また肥料についても、野菜ごとにすすめられるとおりにやったのではやりすぎになってしまいます。

この章では、そうした悩みを少しでも解消できる栽培のポイントを紹介します。野菜ごとに、小さい畑でつくりこなすコツや収穫時期をずらすコツ、また施肥のやり方を紹介しますので参考にしてください。長年の経験と試行錯誤のなかで試みてきた方法で、一般的なマニュアル本とは違うことも書いています。畑の条件によっては立派な野菜ができないかもしれませんが、私たちは販売する野菜を栽培しているわけではありません。多少の失敗は恐れずに野菜づくりを楽しみましょう。

なお、施肥はすべて一㎡当たりの量で、ボカシ肥も化成肥料（八-八-八）もひと握りは七〇gとしています。

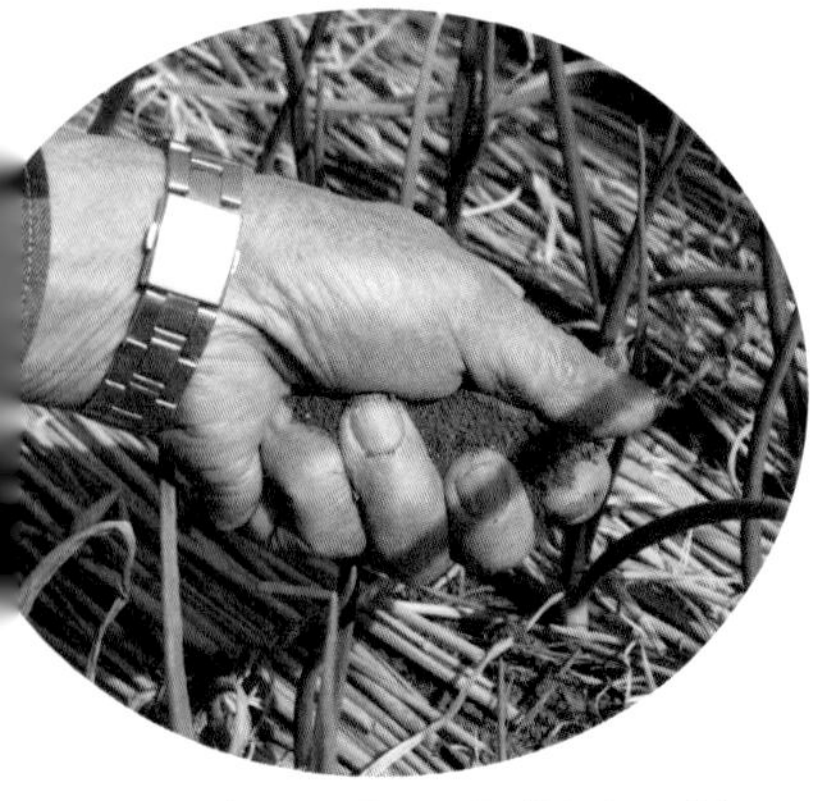

ボカシ肥ひと握りでだいたい70g。自分のひと握り分を一度測っておくといい

〈ジャガイモの逆さ植え〉

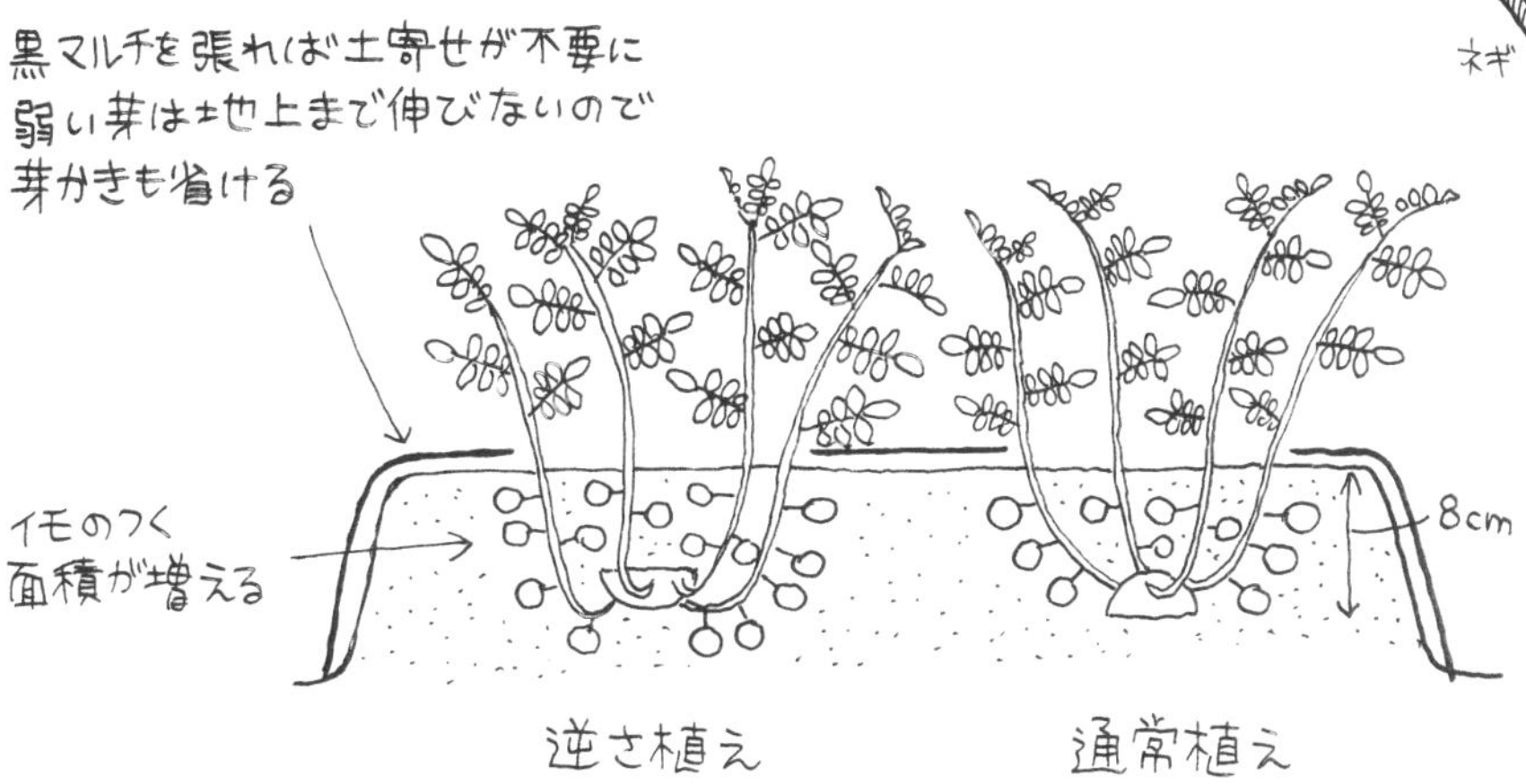
黒マルチを張れば土寄せが不要に
弱い芽は地上まで伸びないので
芽かきも省ける
イモのつく
面積が増える
8cm
20cm
逆さ植え
通常植え

ホウレンソウ
ネギ
コマツナ
前後作におすすめ

ジャガイモ

栽培が比較的簡単で収穫が早く保存もきくので、ぜひつくりたい野菜です。

トマトやナスと同じナス科の作物で、次の利用者が連作障害に困らないよう栽培を控えるように指導している自治体もあります。たしかに、トマトと共通の病気である疫病が出たりするので、私も隣合わせには植えないようにしています。

品種はたくさんありますが、比較的収量の多いキタアカリをつくっています。〝アンデスレッド〟や〝インカのめざめ〟など珍しいものもつくってみたのですが、家族の評判があまりよくなかったのでやめました。

ジャガイモの後作にはいつも根深ネギを植えています。時期がちょうどよく、ジャガイモの収穫で掘るので土が柔らかくなってネギの土寄せもラクになります。ネギとの組み合わせならジャガイモが連作できるという人もいます。

栽培のポイント 四月から始める人は無理ですが、私は適期の三月に植えつけています。畑全体の畝立ては四月に入ってから行なっているので、ジャガイモの畝だけを特別に先行して用意します。

株間を七〇～八〇cmとしている本が多いのですが、七〇cm幅の畝に二条植えで条間・株間は四〇×四〇cm、これで問題なく育ちます。深さ八cmの植穴を掘って、種イモは切り口が上になるように植えつけます。切り口を下にして植えるよりも発芽は少し遅くなるが強い芽が出ます。また深くから芽が出るので土寄せも省け、弱い芽が淘汰されるので芽かき作業も省けます。

土寄せはしないので、イモの緑化を防ぐため黒マルチを張りマルチ栽培とします。

施肥のポイント 施肥は少肥タイプです。肥料が多いと樹ボケするので、全面元肥だけで十分です。

ナス

ナスは収穫期間が長く、最盛期には食べきれないほどの果実が収穫できます。四人家族なら、二〜三本あれば十分です。料理の幅が広い定番の夏野菜で、栽培の失敗も少ないので初心者にもおすすめです。

ナスは、採ろうと思えば十月下旬まで収穫し続けることができます。しかし十一月に入ってしまうと播種できる秋野菜も少なくなるので、後作のことを考えて十月下旬には収穫を終えるようにしています。樹にはまだ小さな実や花がついていてもったいないのですが、秋に畑を空けないために心を鬼にしてナスには引退してもらいます。

栽培のポイント

定植は株間四〇cmの一条植え。連作障害を避けるため、定植の際に根元にコンパニオンプランツのニラを、根と根が絡むように植えます。

密植しているので通路に枝を誘引する二本仕立てにしています。一番果が着いたら、そのすぐ下の側枝と主枝とを畝の左右に誘引します。一番果も枝の生長に養分を使いたいので取ってしまい、一番果より下のわき芽は葉を残してすべて摘み取ります。順調に生育すれば、誘引した枝には、葉が二枚つくごとに一つ花が咲いて実がなります。

支柱をV字型に立て、二本の枝を畝の向きに対して直角に誘引すれば、株間四〇cmでも隣の株とぶつからずに育ちます。葉が込み合ってきたら、風通しをよくするために下のほうの葉は摘み取ります。

果実が実るようになったら支柱を足して枝が垂れさがらないように誘引して引っ張ってください。ナスは枝を上に向けておくことが樹勢を強く保つためのポイントです。

本にはよく、秋ナスを楽しむ方法として切り戻しが紹介されていますが、経験上うまくいったためしがありません。これまでに紹介しているように、十月中旬には収穫を終えて秋野菜に切り替えるので、切り戻すよりはそのまま収穫を続けたほうがたくさん採れます。もし切り戻し剪定を行なうのなら、八月中旬までにしなくてはいけません。

施肥のポイント

施肥はコンスタントタイプです。ナスは大食いの大水飲みです。肥料をよく吸って水も多く必要とします。追肥は、果実の収穫が始まったら化成肥料を半握りずつ、二週間に一回収穫終了まで続けます。施肥はマルチをめくって畝の肩にすじ状にばらまき、土をかけてマルチを戻します。

夏場、雨が少ないと感じたらかん水します。水をやるときは徹底的に、一株に三〜四ℓくらいたっぷりやります。それでも、ナスの根は養分や水を求めて隣の畝まで、一m以上も伸びています。いつも同じ畝に植えているサトイモも同じように水を吸うので、水やりはまとめてやっています。

〈ナスの２本仕立てと追肥〉

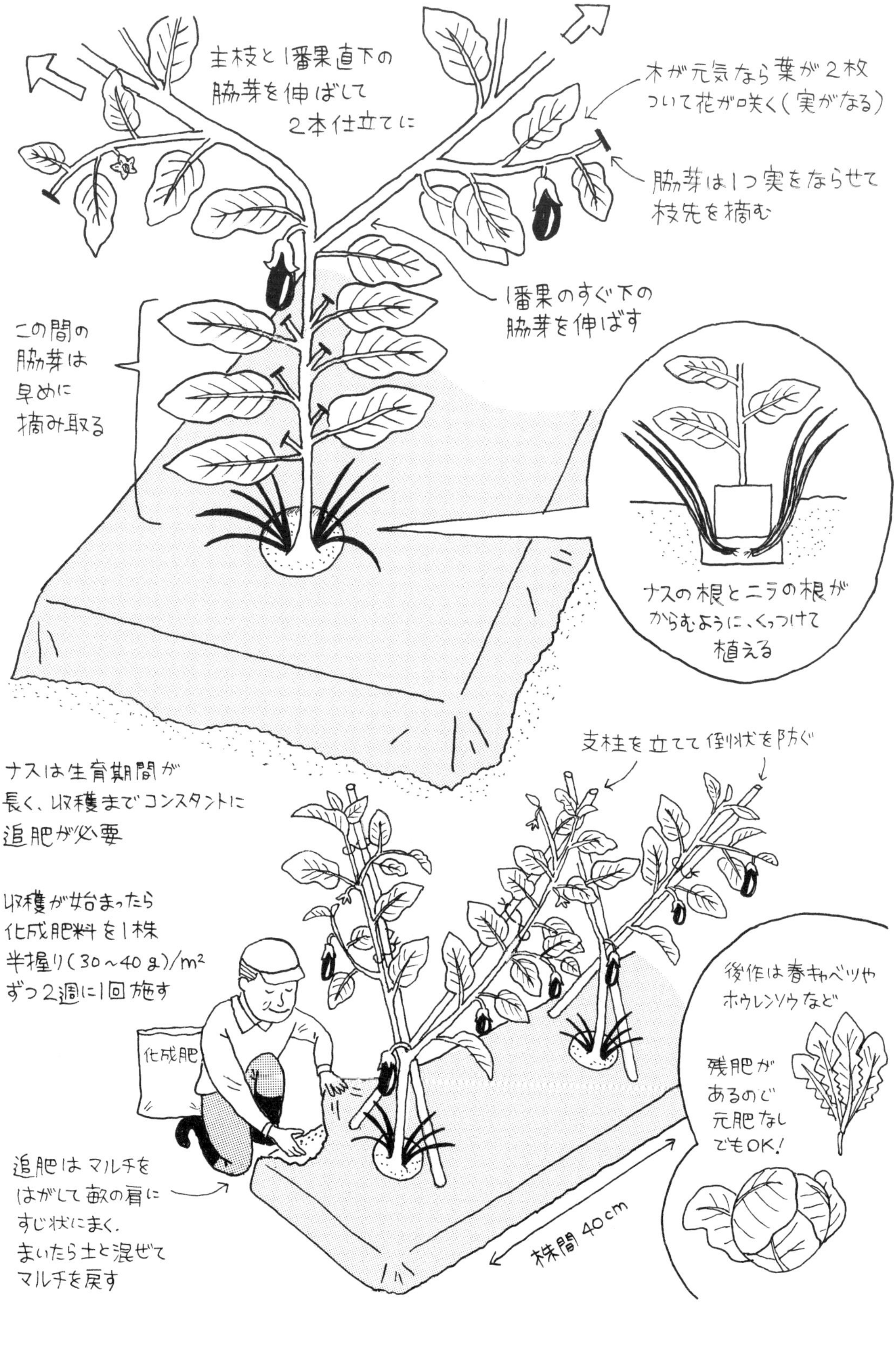
主枝と1番果直下の
脇芽を伸ばして
2本仕立てに
木が元気なら葉が2枚
ついて花が咲く(実がなる)
脇芽は1つ実をならせて
枝先を摘む
1番果のすぐ下の
脇芽を伸ばす
この間の
脇芽は
早めに
摘み取る
ナスの根とニラの根が
からむように、くっつけて
植える
支柱を立てて倒伏を防ぐ
ナスは生育期間が
長く、収穫までコンスタントに
追肥が必要
収穫が始まったら
化成肥料を1株
半握り(30～40g)/m²
ずつ2週に1回施す
化成肥
後作は春キャベツや
ホウレンソウなど
残肥が
あるので
元肥なし
でもOK!
追肥はマルチを
はがして畝の肩に
すじ状にまく。
まいたら土と混ぜて
マルチを戻す
株間 40cm

〈トマトの仕立て方と追肥〉

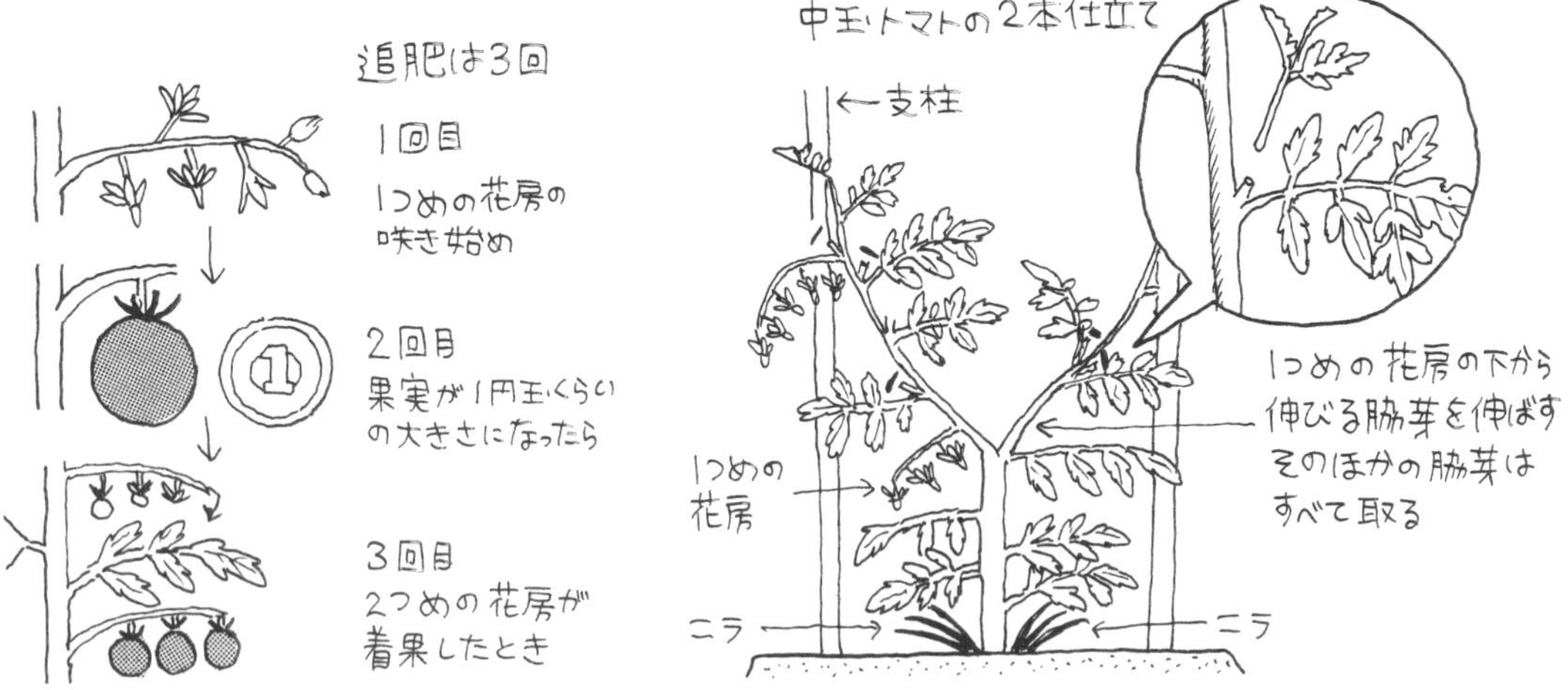

追肥は3回
1回目
1つめの花房の咲き始め
2回目
果実が1円玉くらいの大きさになったら
3回目
2つめの花房が着果したとき
中玉トマトの2本仕立て
←支柱
1つめの花房の下から伸びる脇芽を伸ばす
そのほかの脇芽はすべて取る
1つめの花房
ニラ
ニラ

トマト

夏野菜の代表です。私は大玉トマトを一～二株、中玉を二株、ミニを一株育てています。

正直にいうと大玉トマトの栽培はなかなかむずかしく、大成功しているとはいえません。中玉とミニは大玉に比べて病害虫に強く、収量も多くて失敗も少ないので、初めての方にはこちらをおすすめします。

大玉と中玉は九月中旬までに収穫を終えるので後作にはハクサイを、ミニは十月下旬まで収穫できるので後にはコマツナをまいています。

栽培のポイント 病害虫に強い接ぎ木苗を選びます。条間・株間は五〇×四〇cm、ミニトマトは収穫期間が長いので畝の端に植えます。ナスと同様、植える際には相性のよいニラを一緒に植えます。

大玉は一本、中玉は第一花房の下の脇芽を伸ばして二本、ミニは第一と第二花房の下の脇芽を伸ばして三本仕立てにしています。ほかの脇芽は早めにかき取ります。

授粉はトマトトーンを使うと確実ですが、花が咲いたらときどき支柱を叩いて揺らすだけでも効果があります。大玉は房に果実が四～五つ、中玉は七～八つになるように摘果します。

雨よけ栽培にすると病気が出にくく生育もよくなります。雨よけビニールと専用の支柱は少し高価ですが、園芸店で手に入ります。

施肥のポイント 施肥は尻上がりタイプです。追肥は第一花房の開花期、ひとつめの果実が一円玉大になったころ、第二花房が着果したころに、それぞれ化成肥料を半握りずつ、マルチをめくって畝の肩に施します。元肥が多いと樹ボケ、過繁茂となって病気が増え、収量は減ります。

〈ピーマンの２本仕立てと着花習性〉

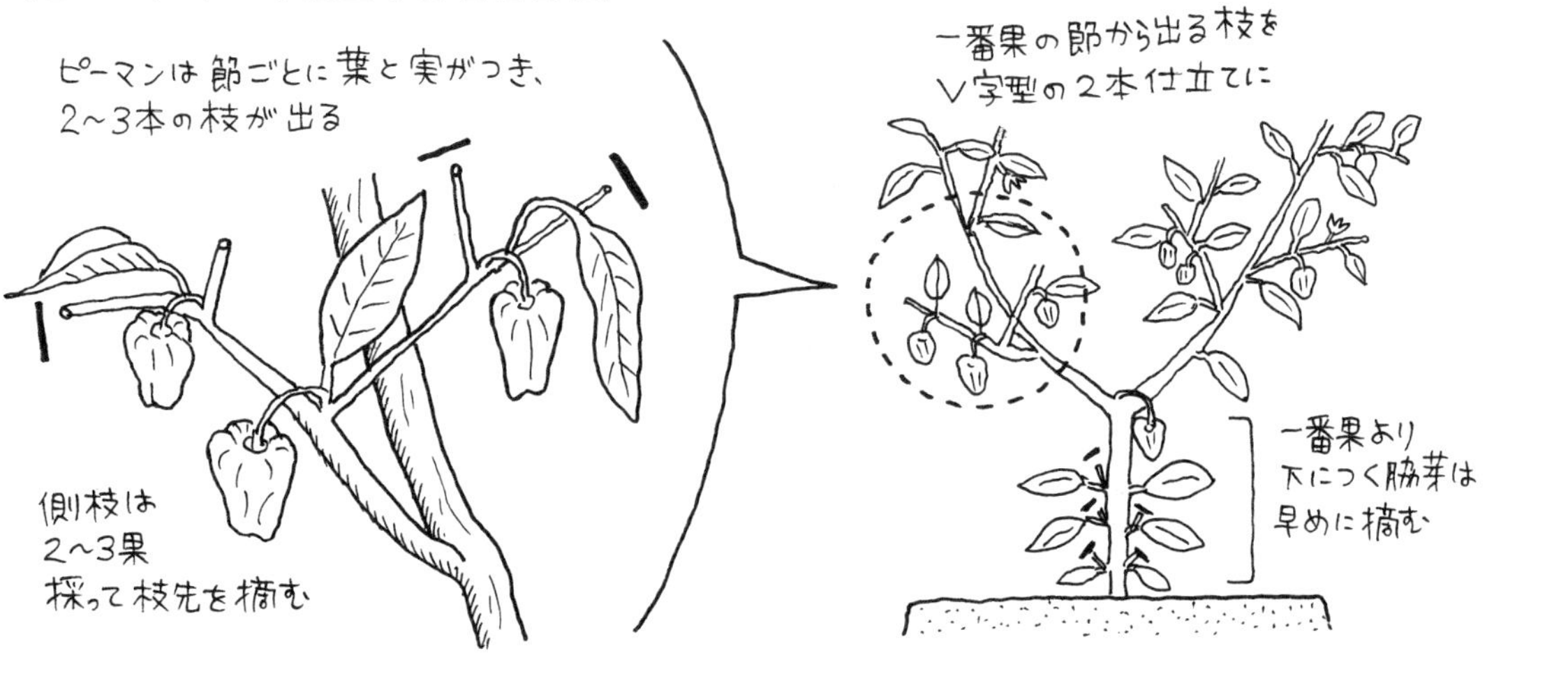
ピーマンは節ごとに葉と実がつき、
2〜3本の枝が出る
側枝は
2〜3果
採って枝先を摘む
一番果の節から出る枝を
V字型の２本仕立てに
一番果より
下につく脇芽は
早めに摘む

ピーマン・シシトウ・トウガラシ

いずれもナス科トウガラシ属の仲間で、ビタミンが豊富な野菜です。どんどん花が咲いて実が着き、秋まで収穫できます。自家用野菜ならばひと株ずつあれば十分ですが、好きな野菜なのでピーマンとシシトウは二株ずつ植えています。いずれも、たまにとても辛いものが採れて閉口します。これは極端な乾燥や肥料切れで株がストレスを感じ、辛味成分を出すからのようです。

トウガラシは冬場のハクサイ漬けの必需品です。また、葉トウガラシの佃煮は酒の肴によく合います。トウガラシの辛いのが苦手な方は、万願寺トウガラシや日光トウガラシがおすすめです。

栽培のポイント　ナス科野菜のなかでも高温を好むので、まだ寒い時期の早植えは禁物です。四月中に植えるのなら行灯《あんどん》で囲うなどして保温に努めます。

ナスと同様、狭い畑ではV字型の二本仕立てにして、畝間に枝を誘引します。一番果の節から伸びる枝を二本残し、その下の脇芽は早めに落とします。誘引した二本の枝から伸びた側枝は二〜三つ果実がついたら芽を摘んで摘心します。

茎は硬いけれど折れやすいので、株が大きくなってきたら支柱を増やして支えてやりましょう。台風前はとくに注意が必要です。

長く採りたければなるべく早めの収穫を心がけ、樹勢を落とさないようにしましょう。

施肥のポイント　施肥はコンスタントタイプです。追肥は、収穫が始まったら二週間に一度、化成肥料を半握りずつ、マルチをめくって畝の肩に施し、収穫まで続けます。ピーマンは気持ち少なめでもいいでしょう。

花は多くつきますが、株元に落花が目立つようなら茎葉の混みすぎや乾燥、過湿のほか、肥料不足も考えられます。

〈小玉スイカ・メロン・カボチャの空中栽培〉

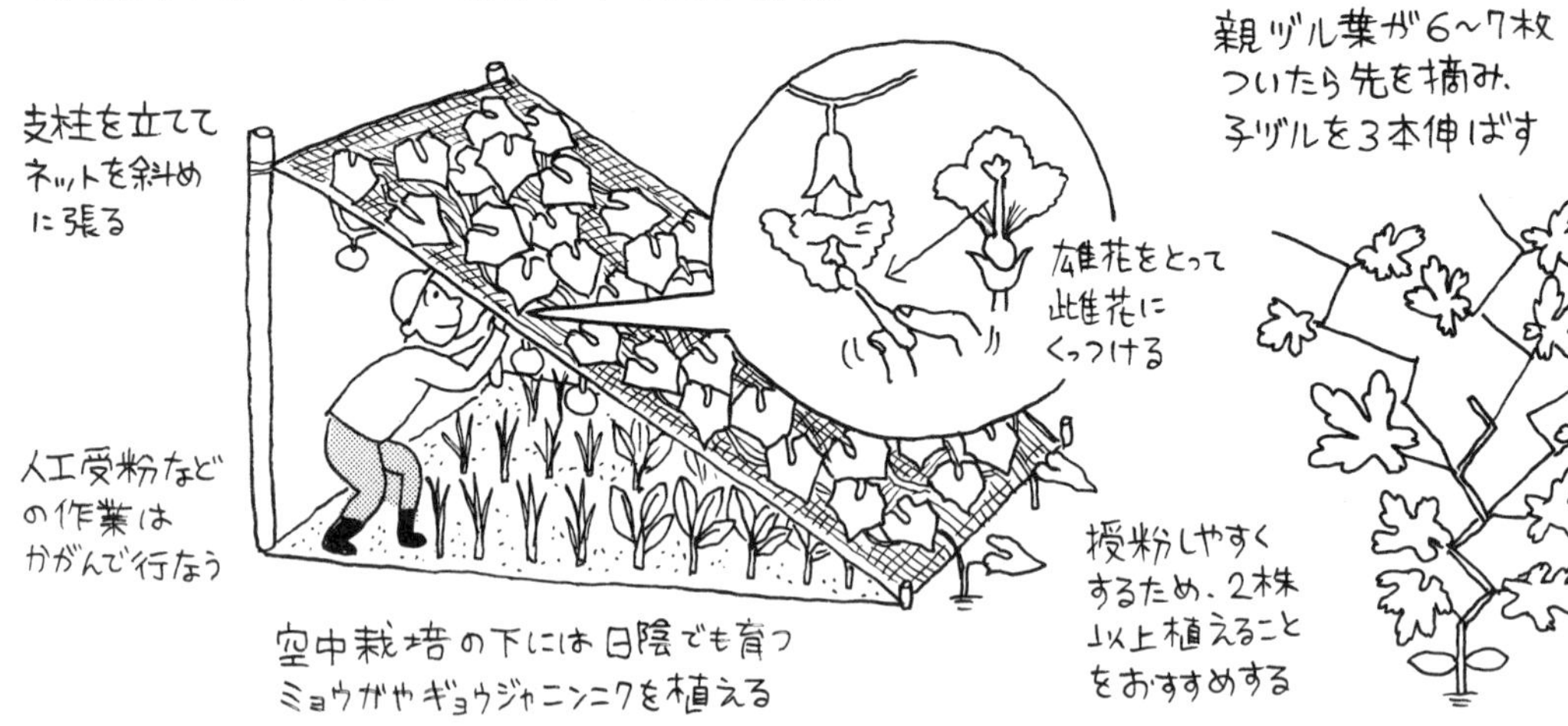
支柱を立てて
ネットを斜めに張る
人工受粉などの作業はかがんで行なう
雄花をとって雌花にくっつける
授粉しやすくするため、2株以上植えることをおすすめする
空中栽培の下には日陰でも育つミョウガやギョウジャニンニクを植える
親ヅル葉が6〜7枚ついたら先を摘み、子ヅルを3本伸ばす

キュウリ

果実の肥大が早く、最盛期は毎日収穫が必要になるほどです。大家族でもなければ、四株もあれば十分でしょう。好きな野菜なので私は毎年一〇株ほどつくっています。

収穫時期が集中するととても食べきれないので、植えつけは苗六株と、その株間に四株種をまいて育てます。苗を植えた株は六月下旬から七月中旬まで収穫できます。種をまいた株は苗の株より二週間ほど遅れて収穫が始まり、八月上旬まで採れます。

キュウリの果実は、最盛期には一日に五㎝ほども伸びます。頻繁に収穫しないと樹勢が落ちてしまいます。週一コースの方には栽培のむずかしい野菜ですが、挑戦するなら収穫時に多少小さい果実も採ってしまい、付け根がふくらみ始めた雌花も落としましょう。残すと翌週にはおばけキュウリになっています。

栽培のポイント 根が浅いので、ワラやビニールマルチで乾燥から守ります。収穫最盛期は、とにかく収穫を頻繁に行なうのがポイントです。収穫の際に老化した葉も取ってしまいます。

乾燥するとうどんこ病が出やすいので、表面に白い粉のようなカビがついた葉は早めに取ってください。また、橙色で光沢のある害虫のウリハムシがよくやってきます。無農薬でやりたい方は根気よく捕獲するしかないでしょう。

施肥のポイント 施肥はコンスタントタイプです。追肥は収穫が始まったら二週間に一度、化成肥料を半握り、マルチをめくって畝の肩に施します。

追肥は収穫まで続けますが、窒素過多になると葉の先端が丸みを帯びてきて過繁茂となります。葉の過繁茂はうどんこ病を呼び寄せるので、葉の先端部を観察しながら追肥を延期するなどの調節をしてください。

小玉スイカ・カボチャ・メロン

地を這うツル性の野菜は、どれも広い面積が必要なので市民農園でつくるのはあきらめてしまうことが多いと思います。

たしかに大玉のスイカやメロンなどの栽培はむずかしいのですが、小玉やミニ品種なら小さい畑でも栽培できます。第2章でも紹介した空中栽培で、小玉スイカならひと株で七〜八個、カボチャなら一〇個ほど収穫できます。スイカやメロンは子供や孫に喜ばれ、カボチャは日持ちがするので台所に嬉しい野菜です。

ウリ科の野菜は基本的に、ひとつの花の中におしべとめしべがありません（他家授粉）。受粉は昆虫が手伝ってくれて実をつけるのですが、開花時間が短いので天候などによっては失敗することもあります。いっぱい花をつけるキュウリはともかく、スイカやメロン、カボチャを確実に着果させたい場合、人が受粉を手伝ってやる必要があります。花が咲いたときになるべく朝早く、遅くとも一〇時前には畑に行って授粉を行なわなければいけないので、週一ファーマーの人にはむずかしいかもしれません。

美味しい果実をつけるためには、二株以上植えて、それぞれおしべを互いのめしべに授粉することをおすすめします。

空中栽培のポイント　品種はいずれもミニ品種を選びます。メロンならタキイ種苗の〝かわいい〜ナ〟、カボチャは同じくタキイ種苗の〝ほっこり姫〟がおすすめです。棚を斜めに作ってそこにツルを這わせるようにします。植えつけ時に、コンパニオンプランツであるネギを根元に植えるといいでしょう。

葉が六、七枚着いたところで親ヅルを摘心し、伸びてきた子ヅルを三本伸ばします。子ヅルから孫ヅルが伸び花がつくようになったら、早朝に授粉作業を行ないます。授粉は開花した雄花を取って花粉を雌花の柱頭に軽くこすりつけてやります。収穫は授粉から三〇〜四〇日後となるため、授粉時に日付を書いて下げておくといいでしょう。ミツバチなどが多ければ必ずしも人工授粉は必要ありません。果実が膨らんできたら、棚からネットを下げて吊ってやります。

キュウリと同じようにうどんこ病にかかりやすく、ウリハムシがたかるので注意が必要です。

施肥のポイント　施肥は尻上がりタイプです。小玉スイカには追肥をしていません。カボチャとメロンにはマルチをめくって畝の肩に、果実が握りこぶし大になったころに化成肥料を半握り施します。

ゴボウ

ゴボウも家庭菜園ではあまりつくられない野菜だと思います。まず連作にとても弱く、一般的には一度つくったら七年は空けたほうがいいといわれます。また、地中深くまで伸びるので収穫がとても大変です。狭い畑では収穫の作業スペースもままなりません。

私は肥料袋を使ってゴボウをつくっています。土を選べるので連作障害の心配がなく、なにより収穫作業がいたってラクちんです。誰にでも真似できる方法で、家庭菜園でも八〇cm以上の立派なゴボウが収穫できます。ぜひチャレンジしてみてください。

収穫後は葉を切り落とし、畑に横にして埋め、保存しています。

ゴボウの袋栽培

①一〇kgの肥料袋を用意し底を切って抜いておきます。広いスペースがあればもっと大きい袋でもいいでしょう。②袋口の直径の大きさに深さ二〇cmほどの穴を掘り、穴底を耕して土を柔らかくします。③袋を穴の中に入れ、四本の支柱で支えながら中に穴から掘り上げた土を入れて押さえます。そのとき、土に収穫残さやゴミが混ざっていれば取り除いてください。障害物があると二股や肌荒れの原因になります。④袋の周りに周辺の土を寄せて穴を埋め、足で踏み固めて安定させます。⑤残りの土はネギを植える予定のゾーンから運び、袋一杯に詰めて手で鎮圧します。⑥袋がいくつかある場合は、それらの周りをダンボールやむしろで囲んでヒモで縛ります。袋と袋、袋と囲いの間の隙間には土を入れて、棒で突きながらしっかり詰めます。これで乾燥や夏場に土の温度が上がってしまうのを防ぐことができます。⑦袋内にたっぷりと水をやって四～五日後、土が落ち着いてから種をまきます。⑧種は一晩水に浸けたものを、一か所五～六粒ずつ、袋の三隅にまき、播種後は乾燥防止のため不織布などで覆っておきます。⑨一回めの間引きは本葉が一～二枚の頃に二～三本残して、二回目は本葉三～四枚の頃に行ない一本にします。曲がって伸びているものは根も曲がっています。極端に大きくなっているものも、根が割れている場合があるので間引きましょう。間引き後はとくに追肥を行ないます。⑩間引き後はとくに作業はありません。収穫は袋を切れば土が崩れるので簡単に行なえます。袋の中の土は、ネギのゾーンに戻してネギの土寄せに使います。

施肥のポイント

施肥は尻上がりタイプです。追肥は間引き後、それぞれ一本になったころに一回、化成肥料を半握り、三株の真ん中に軽く穴を掘って施します。

ゴボウは比較的乾燥に強く過湿に弱いので、乾燥対策をしていれば極端に乾いたとき以外、とくに水やりはしません。

〈ゴボウの袋栽培〉

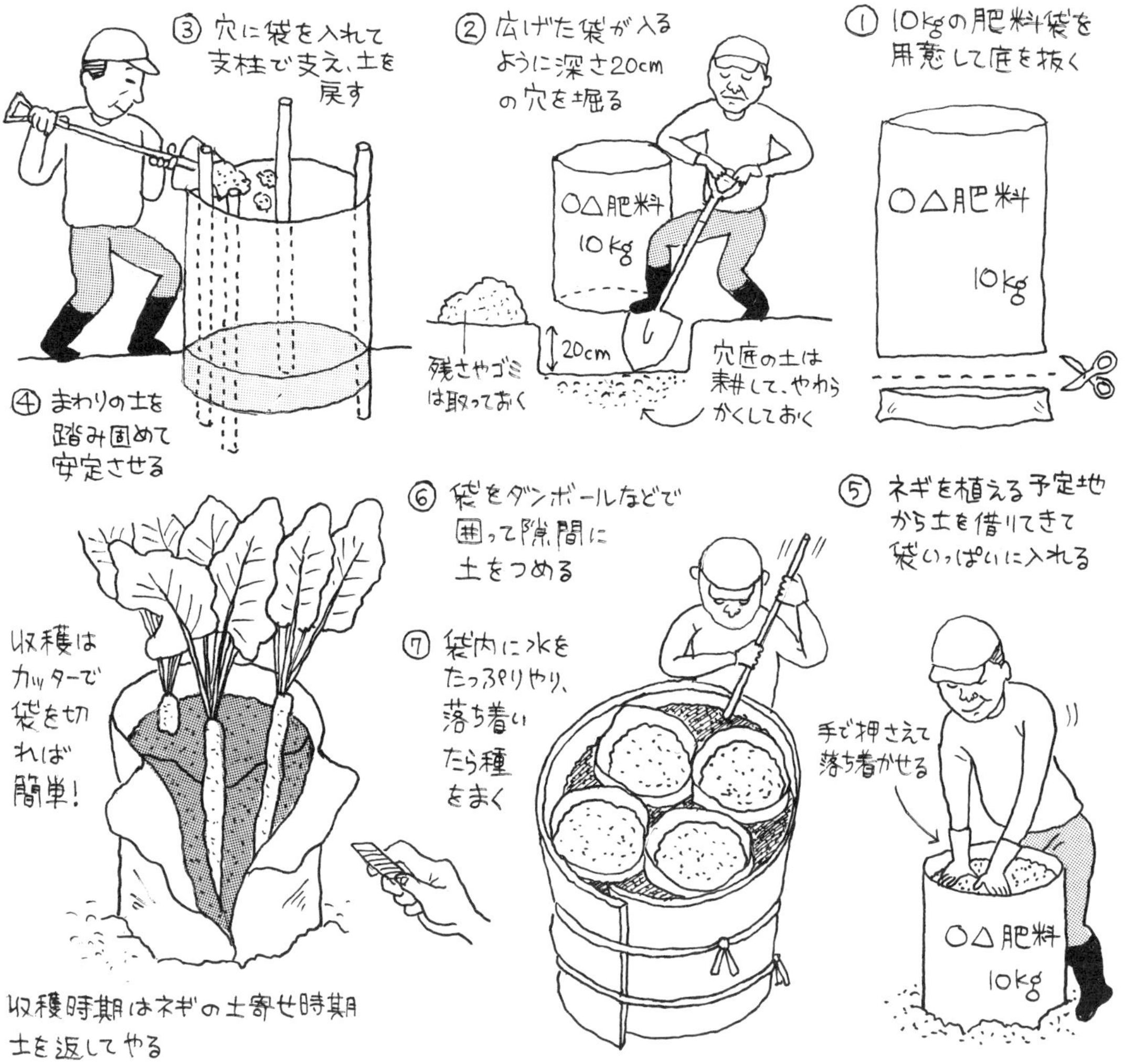
③ 穴に袋を入れて支柱で支え、土を戻す
② 広げた袋が入るように深さ20cmの穴を掘る
① 10kgの肥料袋を用意して底を抜く
○△肥料 10kg
○△肥料 10kg
20cm
残さやゴミは取っておく
穴底の土は耕して、やわらかくしておく
④ まわりの土を踏み固めて安定させる
⑥ 袋をダンボールなどで囲って隙間に土をつめる
⑤ ネギを植える予定地から土を借りてきて袋いっぱいに入れる
収穫はカッターで袋を切れば簡単!
⑦ 袋内に水をたっぷりやり、落ち着いたら種をまく
手で押さえて落ち着かせる
○△肥料 10kg
収穫時期はネギの土寄せ時期
土を返してやる

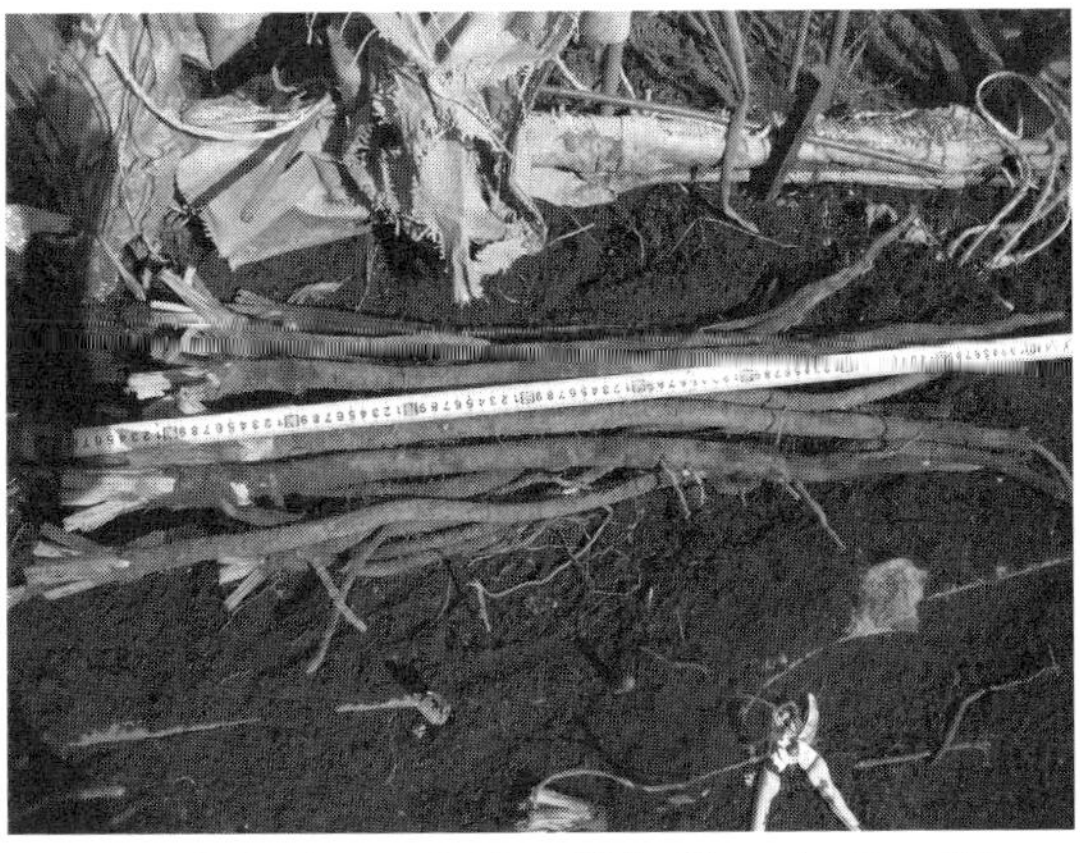
80cm を超えるゴボウが収穫できる。掘りとりの苦労もない

底を抜いた肥料袋に土を詰めて並べる。ひと袋でゴボウが 3 本ずつ育つ

トウモロコシ

トウモロコシ（スイートコーン）は、エダマメと同じように収穫直後の味わいが抜群にいい野菜です。「トウモロコシはお湯をわかしてから収穫を」といわれているほどで、採りたての味は、スーパーで買ったものとは全然違います。家庭菜園でぜひおすすめしたい品目です。

三条植えで、毎年九～一二株つくっています。列ごとに播種時期をずらせば収穫をずらすこともできます。

トウモロコシの前作、後作はハクサイを植えています。ハクサイはコンスタントタイプの結球野菜で、肥料の食い残しもあるので、トウモロコシとは相性がいいようです。

栽培のポイント 背は高いけれど、枝や葉が横に広がらないので大きな日陰はつくりません。

植えつけは条間二五cmの三条植え、株間三〇cmとします。マルチを張って、一穴に三、四粒ずつ播種します。発芽後、本葉が四、五枚になったら間引いて、それぞれひと株ずつにします。

育ってくると根元から分けつが出てきますが、倒伏を防ぎ光合成を助けてくれるので取らずに残しておいてください。

アワノメイガによる害が目立ちます。雄穂に幼虫が潜って食い荒らし、

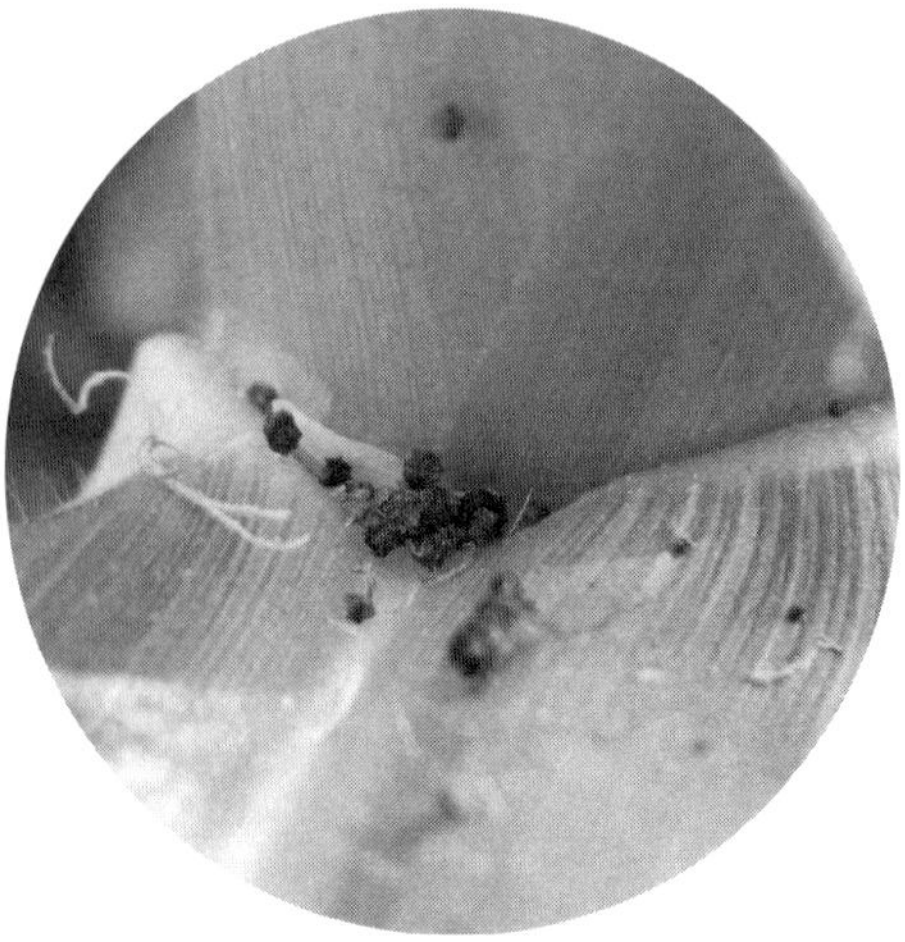

葉の付け根に溜まった糞でアワノメイガがいることがわかる

葉の付け根には糞が見つかります。アワノメイガが飛んでくるのを防ぐため、初期の発生源である雄穂は一～二本を残して早めに切り取り、残した雄穂で人工授粉しています。

施肥のポイント 施肥は尻上がりタイプです。吸肥力が強くて〝肥料泥棒〟などと呼ばれています。

多肥にしても樹ボケしないので肥料を増やしがちですが、肥料をやったから採れるものでもありません。それよりも、土壌条件に左右されやすく、乾燥や過湿に弱くて適度な水分管理が求められるので、マルチ栽培にしています。

追肥は本葉六～七枚のころ、化成肥料をひと握り、株間に穴を掘って施します。

トウモロコシの残さは良質な堆肥になります。収穫後は畝間に倒しておきます。

オクラ

アフリカ原産の野菜で、クリーム色のきれいな花を咲かせます。原産地がアフリカだからなのか寒さに弱く、必ず五月に入ってから植えつけるようにしています。苗も出回りますが、直根性の野菜なので直まきしたほうが失敗はありません。

収穫が遅れると硬くなって食べにくくなります。実が星型ではなくて丸い〝島オクラ〟や〝八丈オクラ〟なら、多少大きくなっても柔らかいままなのでおすすめです。

八丈オクラや島オクラなど、角張っていない丸オクラは20cm ほどになっても柔らかい。週一コースの方にはこちらがおすすめ

栽培のポイント 背は高いのですが、枝や葉が横に広がらないので大きな日陰はつくりません。

苗を買うとポットに三～四本植わっていることが多いのですが、これは間引かずにそのまま植えてください。そうすると養分が分散されてゆっくり生長し、実が硬くなりにくいのです。倒伏防止のため支柱を複数立てて、風通しをよくするために果実がついたらその節の葉を残して、それより下の葉をすべて取ってしまいます。

施肥のポイント 施肥はコンスタントタイプですが、少ない肥料でもよく育ちます。根が深くて樹勢が強い野菜なので、元肥が多すぎると花が落ちてしまうので要注意です。

追肥は収穫が始まったら二週間に一度、化成肥料を半握りずつ株間に施し収穫まで続けます。

〈サトイモとショウガの間作〉

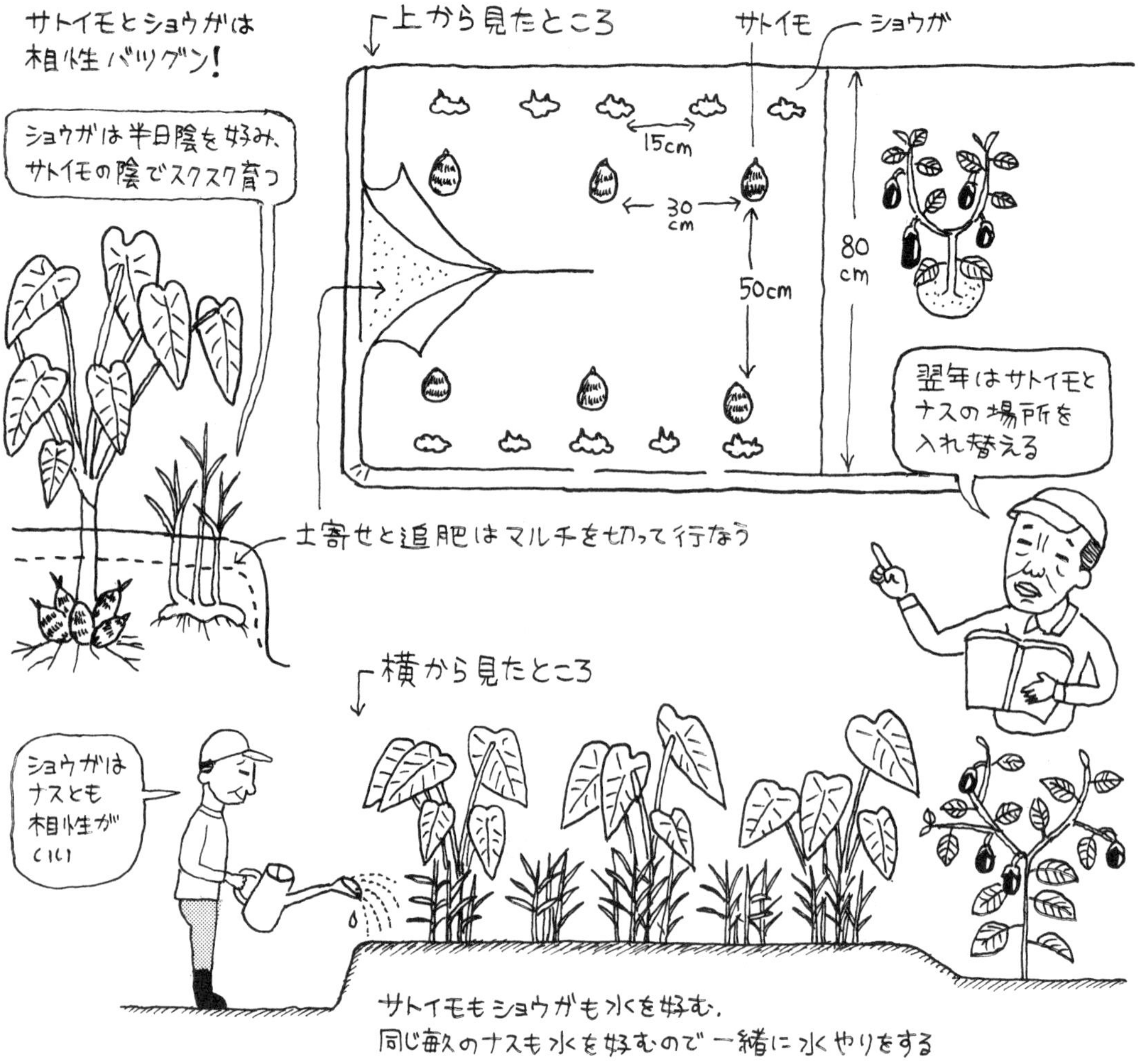
サトイモとショウガは
相性バツグン！
ショウガは半日陰を好み、
サトイモの陰でスクスク育つ
上から見たところ
サトイモ
ショウガ
15cm
30cm
50cm
80cm
翌年はサトイモと
ナスの場所を
入れ替える
土寄せと追肥はマルチを切って行なう
横から見たところ
ショウガは
ナスとも
相性がいい
サトイモもショウガも水を好む。
同じ畝のナスも水を好むので一緒に水やりをする

サトイモ

サトイモは、同じように高温性で水を好み半日陰でも育つショウガと相性がよく、同じゾーンに混植しています。隣には肥料や水の管理を同じようにできるナスを植えて、日頃の管理をシンプルに行なえるようにしています。ナスと同じように連作を嫌うので、ナスのゾーンと毎年入れ替えて、二年連続で同じ場所につくらないようにしています。

収穫した親イモは捨ててしまうことが多いようですが、食べてみると意外と美味しく、捨てるのはもったいないです。翌年の種イモとしても使えるようです。

栽培のポイント　八〇cm畝に二条植えのマルチ栽培をしています。土寄せは梅雨入りの時期に一回だけ、通路側はマルチをめくって間に手を入れて

ナスと同じ畝に育つサトイモ。肥料や水の欲しがり方が似ているので管理がラク。サトイモの畝に間作したショウガは収穫済み

行ない、条間はカッターでマルチを切って行ないます。

土寄せ後、条間にトウモロコシや枝豆の残さを置き、水やりもこの条間のマルチの穴にやります。

施肥のポイント　施肥はコンスタントタイプです。肥料は春先の全面元肥のほかに、植えつけ時にボカシ肥をひと握り、株間に施します。追肥は土寄せのときに行ないます。化成肥料を半握り、条間のマルチをめくって条まきしています。

サトイモはナスと同様に水も好み、乾燥は大敵です。晴天が続いたら条間にタップリと水をやります。ジョウロを使う場合はハス口を抜いてたっぷり散水してください。

ショウガ

サトイモの間作として育てています。日陰を好み、サトイモやナスと同様に水を好むので、サトイモやナスと間作すれば特別な作業は必要ありません。

栽培のポイント　サトイモのゾーンにサトイモから離して畝の端ぎりぎりに株間一五cmで条植えします。マルチに穴をあけ、六〜八cmの穴を掘って二〜三つ芽をつけた種ショウガを、芽を上にして深さ五cmに植えつけます。

土寄せは、サトイモに土寄せをする際に一緒にやっています。

収穫は、葉ショウガは引き抜いて、根ショウガは手で掘り起こすかサトイモと一緒に収穫しています。

施肥のポイント　サトイモに施す肥料だけで十分です。それ以外には施していません。

エダマメ

ビールの定番おつまみです。これも収穫直後の味わいは格別で、ぜひつくってみてもらいたい野菜です。なるべく長く楽しみたいので、私は

直播した中生のエダマメ。鳥に狙われるのでペットボトルで守る。害虫よけや保温効果も期待できる

苗と種、そして早中晩生とを使い分けてリレー栽培を行なっています。これでエダマメが夏から秋にかけて収穫できるようになります。

毎年だいたい、早生を三条植えで九株、中生を九株、晩生を四株つくっています。

栽培のポイント　播種時期は早生から晩生まで順にずらしています。私は五月上旬に早生品種の苗を植えて、株間に早生の種を直まきしています。早生エダマメの隣には苗床を用意して、五月中旬に中生の種をまいて苗をつくり、六月中旬に定植します。苗床に植えきれないものはエンドウやソラマメの後作として多年草作物の畝に植えています。

苗で植えた早生は七月上旬に収穫が始まり、収穫が終わる七月中旬には種をまいた早生の収穫が始まります。種から育てた早生の収穫が終わる七月下旬には中生の収穫が始まり、八月上旬まで続きます。

中生の収穫が終わるころには晩生の種をまいておき、八月下旬に移植します。晩生は十月下旬から十一月頭にかけて収穫できます。

発芽直後は鳥の標的になりやすいので、苗床にネットをかけて鳥から守っています。ペットボトルで鳥・虫よけキャップを作って、直まきの早生エダマメの播種後にかぶせます。

施肥のポイント　施肥は少肥タイプです。元肥は春先の全面元肥のみ、追肥は行ないません。肥料過剰にすると過繁茂となって莢がつかない、莢がついても実が入らない、ということになってしまいます。

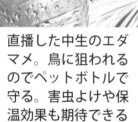

ツル性インゲン。共生する根粒菌の数が少なく背丈も高くなるため、追肥が必要。マメ科のなかでは唯一のコンスタントタイプ

インゲン

インゲンマメは一年に三度採れるので「三度マメ」とも呼ばれます。マメ科の野菜なのですが、ほかのマメ科作物に比べると根粒菌が少なく、ある程度の肥料を必要とします。とくにツル性インゲンは栽培期間が長くなるので、マメ科ではありますが施肥はコンスタントタイプです。

栽培のポイント インゲンは、ツル性品種とツルなし品種とで収穫時期が大きく異なります。同時に播種すると収穫時期がずれて長く楽しめます。ツル性インゲンの陰にならないように、ツルなしインゲンは畝のはじに植えるようにしています。

施肥のポイント ツル性インゲンはコンスタントタイプです。元肥は春先の全面元肥のみ。追肥は一緒に植えつけたツルなしインゲンの収穫後に化成肥料をひと握り、マルチをめくって畝肩に施します。ただし肥料が多いとツルボケの原因となり、アブラムシを呼ぶので、葉色など生育を見ながら加減してください。

ツルなしインゲンは少肥タイプで、早めに一斉収穫するので肥料はやっていません。私はツルなしインゲンをツル性インゲンの隣に播種しているので、ツル性インゲンへの追肥は、ツルなしインゲンの収穫後に行なっています。

ニンジン

食材に欠かせない野菜で保存もききます。栄養たっぷりの間引き菜はあえ物や天ぷらで美味しく食べられます。発芽率が悪いのが難点で、芽が出そろえば八〇％成功ともいわれます。

栽培のポイント　播種は梅雨明け前に行ないます。条間一〇cmの条まきで、種が重ならないように丁寧にまきます。

本には、種は好光性なので覆土は薄く、と書かれていますが、薄いと種子が露出して雨で流れやすくなります。また、毎日水の管理をするわけにもいかないので、乾燥して発芽が悪くなることもあります。そこで、五mmくらい覆土・鎮圧し、パオパオなどの被覆資材で覆って雨や乾燥から守っています。播種後に水をやると土が固まって発芽が悪くなるので、それも避けてください。それでも発芽は悪く草負けしやすいので、種を多めにまいておき、間引いて七〜八cm間隔にします。播種後は足で踏んで鎮圧し、もみ殻をまいておくといいです。

施肥のポイント　施肥は尻上がりタイプです。追肥は間引き後、それぞれ一本になったころに一回、化成肥料をひと握り施します。ダイコンと同じように土中に障害物があると根が数本に分かれて〝芸術作品〟になってしまいます。できるかぎり取り除いてください。

ネギ

ネギ苗は四月には販売していて、春にさっそくつくり始める人もいます。私は、春はつくりたい野菜がいっぱいなので、ジャガイモの後作として七月に入ってから植えつけています。しかし、その頃にはもう苗が売り切れているので、畑の隅に苗床をつくって二月末に種をまき、ビニールトンネルをかけて保温しています。

空いたスペースにニンジンを条植えしている。隣のネギとは相性がいいよう

ナス科野菜とニラ、と同じようにネギもウリ科野菜のコンパニオンプランツです。一緒に植えるとウリ科野菜の病気を減らし生育を助けてくれるので、五月にウリ科野菜を植えつけるときは、大きめのネギ苗を数本株元に植えるようにしています。

柔らかいネギをつくるコツは、土寄せを早めに行なうことです。また土寄せ時に、青い葉との分岐部が埋まると腐ってしまうこともあるので注意が必要です。私は条の両側に板を立て、土寄せをしやすくして、使う土を節約しています。

栽培のポイント　二月中旬に畑の隅に苗床を作りネギの種をまきます。ネギの種はとても小さいので土と混ぜて播種しています。手に土を少量（まく種の一〇倍量くらい）取って、そこに種を混ぜてからまきます。

ネギを定植するゾーンの土はゴボウの袋栽培に使用しています（六八頁）。通常の栽培では一条植えで溝の深さは三〇cmですが、私は条間四〇cmの二条植えで、溝は深さ二〇cmにしています。溝の深さが二〇cmと浅いのは、条間が狭いために掘った土の置き場がないからです。条間がないので土寄せはほとんどできませんが、心配はいりません。

七月下旬に一回目の土寄せを、溝を掘った土で行ないます。二回目の土寄せはゴボウの収穫期に行ない、ゴボウを育てた袋の土をネギの土寄せに使います。溝は浅くても高く土寄せすれば、長い軟白部をもつネギを採ることができます。

収穫期を迎えたら、板をはずし、二条植えしている一方の列を引き抜いて隣の列に植えかえ、一条植えにしてしまいます。空いた部分に春ダイコンや春キャベツ、または秋作の葉菜類を栽培することもできます。

ネギの板挟み栽培。土寄せに使う土を節約できる

施肥のポイント　施肥はコンスタントタイプです。追肥は土寄せ時に化成肥料をひと握り、寄せる土に混ぜて施します。

畑の通路脇に植えたニラとワケギ。手前のニラは収穫後、放っておけばまた生えてくる

ニラ・ワケギ・アサツキ

これらユリ科の多年生野菜は畝には植えず、畝の脇や畑の通路沿いなどの隙間に植えるようにしています。いずれも土を選ばず病害虫にも強く、多少の日陰でも育って十二月まで収穫できます。多くは必要ない野菜ですが、畑の隅にでも植えると、とても便利です。

ネギと同様、ニラもコンパニオンプランツとして利用しています。連作障害が出やすいナスやトマト、ピーマンなどを植えるときにはニラを根元にくっつけるように植えています。

栽培のポイント　いずれも畑の隅に条植えしています。ニラは葉を刈り取って収穫すると、また二〇日後くらいには収穫できるようになります。

ニラは三年ほどで株が大きくなり、葉が細くなってしまうので、そうなったら株分けします。一本の株が三年で一〇倍ほどに増えます。ワケギとアサツキは十二月下旬に収穫が終了し、葉が枯れたら球根を掘り上げて、乾燥させて保存します。翌年七月にこの球根を植えつければまた育てられます。

施肥のポイント　施肥はコンスタントタイプです。肥料を好む野菜なので、収穫のたびに化成肥料を半握りほど施しています。

ナスを引き抜いたところ。ニラの根がしっかり絡みついている。おかげで無農薬でもガンガン採れる

条間30cmでも孫が両手で抱えるようなハクサイが採れる

ハクサイ、キャベツの条間は30cm、株間は40cmで十分。植え穴を前後に少しずらして千鳥状に植えつける

ハクサイ・キャベツ・レタス

ハクサイは鍋物に欠かせない冬野菜の王様です。私は漬物を作るので多少多めにつくっています。キャベツやレタスも利用の幅が広く、秋冬野菜には外せません。キャベツは九月定植のほか、十月下旬に植えつけて春キャベツもつくれます。

栽培のポイント

ある程度高畝で栽培します。水がたまっていいだろうとくぼみを作って植えつけていたら根腐れの原因となってしまいました。

定植後は、地温を高めて初期生育を促すために透明マルチを張っています。二条植えする場合は条間を掘り下げて、マルチが土と密着するように支柱などで押さえます。支柱で押さえたマルチの谷間には、水がたまらないよう切り込みを入れておきます。

ハクサイとキャベツの条間・株間は三〇×四〇cmで十分で、レタスはもっと狭くて二〇×二〇cmで大丈夫です。

チョウ類の幼虫であるアオムシやヨトウムシによる食害が目立つので、こまめに手で取り除くほか、定植直後にパオパオで被覆してやります。

施肥のポイント

施肥はコンスタントタイプです。植えつけ時の施肥はやらず、追肥は間引き後と、その二週間後にそれぞれ化成肥料を半握り、マルチの切れ間から条間に施します。

大きな外葉をつくるのに養分が必要なので、追肥はその前に終えるようにしています。追肥のタイミングが遅れても、中心の葉が立って巻いてきたら中止です。施肥の過剰は害虫を招くので気をつけてください。

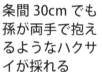

ダイコン

ダイコンは一年を通して最も消費される野菜のひとつです。家庭菜園に欠かせない野菜で、品種も多く出回っています。私は青首系の〝耐病総太り〟（タキイ）と冬採り系の〝冬どり大蔵〟（タキイ）を半分ずつつくっています。連作可能で品種を選べば一年中栽培できます。種は高価ですが、保存がよければ三〜四年もちます。

春夏作が終わったら、ダイコンを植える畝だけはしっかり耕して根などの残さも取り除く

栽培のポイント 条間・株間三〇×四〇cmの二条植えです。株間はもっと狭くても育ちます。株穴を少し大きめに開けて、一穴に二株育てても問題なく育つほどです。

根物野菜は移植できないので、欠株になってしまったらすぐに種をまき直します。まき直しが遅れると隣の株の陰になって生育が悪くなります。間引きはていねいに行なってください。残す芽を傷めると股根になってしまうので、引き抜かずに根元からハサミで切るようにします。

施肥のポイント 施肥は尻上がりタイプです。元肥は春先の全面元肥のみ、追肥は間引き後、それぞれ一本になったころに一回、化成肥料をひと握り畝の肩に施します。

ダイコンの真下に有機物を施すと二股になりやすくなります。石などもできるだけ取り除きます。また、元肥が多いと葉ばかり育って根がいじけてしまうので注意が必要です。葉色が極端に濃くなったら窒素過多だと考え、追肥は控えます。

二本植え栽培。『月刊　現代農業』を読んで真似してみたらうまくいった

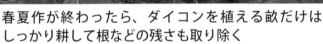

ブロッコリー・カリフラワー

食べる部分は、小さな蕾の集まりで、花野菜とも呼ばれます。栄養が豊富で収穫したてはとても美味しいのでおすすめです。多くつくりたいところですが、株間が広く必要なので、植えつけは二〜三株程度にしています。

頂花蕾を収穫後、脇芽が伸びて小さいブロッコリーが収穫できる

ブロッコリーは脇芽から出るミニブロッコリーを翌年まで収穫していますが、品種によっては脇芽が出にくいものもあるようです。

長く収穫ができる茎ブロッコリー（スティックセニョール、スティックブロッコリー）もおすすめです。ブロッコリーと中国野菜のカイランを交配させてつくられたもので、頂花蕾を早めに摘んで脇芽を伸ばして収穫します。

春栽培は三月中旬から四月、夏栽培は九月初旬から十月中旬に苗を植えます。空いた場所に一〜二株植えておけば、何度かに分けて長く収穫することができます。甘みがあって、収穫直後に塩ゆですると絶品です。

栽培のポイント 大きな花蕾（頂花蕾）を収穫後、茎から発生する小さな花蕾（側花蕾）が収穫できます。側花蕾の収穫は十一月下旬から、採ろうと思えば三月末まで続けられます。春作の準備の邪魔にならないよう畑の端のほうに植えるといいでしょう。

カリフラワーは花蕾が日に当たると黄色くなって、味も落ちてしまいます。花蕾が握りこぶしくらいになったら外葉でくるみ、ひもで結んでおきます。

ブロッコリーの頂花蕾は早めに収穫します。蕾が開いてしまうと生長を止めてしまい、側花蕾が採れなくなってしまいます。頂花蕾の収穫は、茎を長めに葉を四〜五枚残すようにすると、大きな側花蕾が収穫できます。

施肥のポイント 施肥はコンスタントタイプです。結球野菜ではありませんが、施肥はハクサイやキャベツと同じようにしています。

葉菜類の箱庭栽培

秋冬作で、コマツナやシュンギク、ミズナやミツバなどの結球しない葉菜類をつくっています。どれもお正月に食べる野菜で欠かせません。間引き菜も美味しくいただけ、野菜の少ない時期に重宝します。

まとめてトンネルをかけているので、菜園仲間には箱庭のようだといわれます。いずれも比較的季節を選ばず栽培できるので、余った種は隙間栽培に活用します。チンゲンサイだけは夏にまくと草丈が大きくなり本来の形になりません。また早春にまくととう立ちしてしまうので秋まきをおすすめします。

栽培のポイント どれも条間一〇cm程度の条まきで、種は二～三cm間隔でていねいに点まきし、間引きながら株間を広げます。

播種は収穫時期を延ばすために、一条ずつずらしています。ミツバだけは好光性の種子なので覆土を軽めにします。発芽するまで被覆資材でべた掛けし、発芽したらトンネル被覆します。

それぞれが混みあってきたら適度に間引きます。間引く際に、引き抜くと根がからまっていたりして隣の株を傷つける恐れがあります。必ずハサミを使います。

コマツナやチンゲンサイなどは外葉から順番に一枚ずつ根元からカッターで切り取りながら収穫すると、日当たりもよくなって長く収穫できます。また、株あとからまた新しい芽が伸びてきて、それも収穫できます。

施肥のポイント いずれも先行逃げ切りタイプの野菜です。追肥は行なわず、元肥も春夏作の残肥で十分です。

ラディッシュ・コカブ

ラディッシュやコカブなど生育期間の短い根菜類は、栽培も簡単なのでおすすめです。ラディッシュは二十日ダイコンとも呼ばれますが、実際には収穫まで春秋で三〇～四〇日、冬は五〇～八〇日ほどです。コマツナなどと一緒に箱庭栽培をしています。

栽培のポイント いずれも播種は条まき、間引き菜を収穫しながら株間を確保します。株間はラディッシュで五cm、コカブで一〇cmあれば十分です。

いっぺんに種をまくと収穫時期が集中してしまうので、一週間ごとに一列ずつ播種して長く収穫できるようにしています。

施肥のポイント 施肥は先行逃げ切りタイプです。いずれも春作の場合は全面元肥のみ、秋作でも元肥は施さず、前作の残肥を利用します。追肥もとくに施さなくていいでしょう。

葉菜類の箱庭栽培。手前からタマネギ、ホウレンソウ、コマツナ、ミズナ、チンゲンサイ、シュンギク、ミツバ、コカブ、ラディッシュが育つ

左からコカブ、ミツバ、シュンギク。ミツバは少量。コカブとミズナはそれぞれ座布団１枚分くらいの栽培面積

ホウレンソウ

西洋種と日本種があり、一年を通して栽培できます。種が丸い西洋種はとう立ちが遅いので春まき、種にトゲのある日本種はとう立ちが早いので気温の低い秋まきにいいでしょう。

栽培のポイント 栽培方法は、ほかの結球しない葉菜類とほぼ同じです（前頁）。発芽が遅いので、多めの水に一昼夜くらい浸してあらかじめ芽出しをしておきます。また、ホウレンソウは酸性の土を嫌うので、播種前に苦土石灰を施しておきます。

根が深く張るホウレンソウは発芽をいい状態で迎えさせたいので、なるべくまき床を平らに整えます。溝は一㎝くらいの深さにして播種後覆土して鎮圧します。

施肥のポイント 施肥は先行逃げ切りタイプです。酸性土壌に弱いので播種一週間前に一㎡当たり苦土石灰を二握り（一〇〇g）施してください。ほかの肥料は、残肥があるようなら施していません。

ホウレンソウの根。ほかの葉菜類に比べて深く伸びるのが特徴。二階建て栽培には不向き

タマネギ

保存がきき利用の幅が広いので、毎年必ずつくっています。〇・五㎡ほどの小さな面積で五〇個ほどのタマネギが収穫できます。六月に収穫したら、トマトの雨よけの下で二〜三日干したあと、ベランダで乾燥させて保存しています。

栽培のポイント

苗は鉛筆くらいの太さのものがおすすめです。小さい苗では冬を越してもしっかり肥大せず、大きすぎるととう立ちしてしまいます。

株間・条間は一〇×一〇㎝です。一〇㎝間隔で升目状に線を引いて、その交差点に苗を植えていくとやりやすいです。指くらいの太さの棒で、深さ七〜八㎝くらいの穴をあけ苗を落とし、持ちあげながら苗の白い部分が土の上に少し出る位置で軽く押さえます。こうして根がまっすぐになるように植えるのがポイントです。

冬場、土が凍って霜柱が立つので、マルチ栽培にしています。タマネギ用に穴あきマルチが売っていますが、これはプロ農家用なので株間の間隔が広すぎます。私はもっぱら稲わらを購入して有機物マルチにしています。稲わらを株間に敷き詰めるのは、定植の五日以降にします。定植直後に稲わらを並べようとすると苗を抜いてしまうことになります。

施肥のポイント

施肥はコンスタントタイプです。植えつけ一週間前にボカシ肥を全面に三握り、追肥は定植一か月と二〜三月に一回、それぞれ化成肥料をひと握り、それぞれの条間にまんべんなくやります。

タマネギは湿気を嫌うが根が深いので適度な水分は必要。とくに肥大期の四月下旬から五月上旬頃に晴天が続くようなら水やりをしています。

収穫後のタマネギ。干す場所がないので、2〜3日はトマトの雨よけ内に吊るす

苗は鉛筆くらいの太さがちょうどいい。定植後に稲わらでマルチング

ソラマメ・エンドウ

ソラマメとエンドウマメは秋にまいて春に収穫するマメ科野菜です。どちらも収穫してすぐ、新鮮なうちに食べると抜群に美味しいので、家庭菜園にはおすすめの野菜です。ソラマメは相撲場所では定番の豆で「相撲マメ」とも呼ばれ、お酒のつまみにぴったりなのですが、アブラムシがつきやすい野菜です。

ともに多年生の作物の畝の棚に誘引して栽培しています。エンドウを南側に、半日陰に耐えるソラマメは北側に八株ずつ育てています。

栽培のポイント　ともに株間三〇cmの一条植えです。ソラマメは一粒、エンドウは二～三粒ずつまいて間引きはしません。

ソラマメでは、株の高さ六〇～七〇cm以上の高さについた花は実にならないことが多いので、その高さで茎を切ってしまいます。柔らかい新芽はアブラムシが好んで集まる場所でもあるので、刈り取ってしまえば害虫防止にもつながります。

施肥のポイント　少肥タイプで、肥料は必要ありません。ほかのマメ科野菜同様、肥料のやりすぎは禁物です。

ミョウガ・食用ギク

私が借りているさいたま市の市民農園は同じ畑を借り続けることができるので、ミョウガや食用ギクなどの永年作物を植えています。どちらも日陰でも育ち、ミョウガは夏の薬味に、食用ギクは冬の楽しみになっています。

食用ギクはその美味しさから〝もってのほか〟とも呼ばれ、花弁をむしって湯通しすれば鮮やかで、酒の肴として最高です。紫色の芯は苦いので除き、湯には食酢を加えてください。キクなので観賞用としても楽しめ、仏壇花にも利用しています。

栽培のポイント　ミョウガやギョウジャニンニクは、秋から春にかけて地上部は枯れてなくなるので、そこに秋冬野菜を植えつけています。さすがにダイコンなどの根物は無理ですが、コマツナやチンゲンサイ、キャベツなど根の浅い葉菜類ならば問題なく育ちます。

ミョウガやギョウジャニンニクは、翌年春になればしっかり再び芽を出します。くれぐれも耕さないように気をつけてください。

施肥のポイント　月に一度くらい、ボカシ肥をひと握りくらい与えています。地上部が枯れている間はやりません。

第5章

一年間

10月	11月	12月	1月	2月	3月
	結球野菜の追肥	落ち葉集め	落ち葉集めと落ち葉堆肥の仕込み	畑の全面耕起	腐葉土の切り返し ボカシ肥の仕込み
ソラマメ エンドウ ミズナ コマツナ シュンギク ダイコン 春ダイコン ホウレンソウ ラディッシュ				ネギ 春ダイコン	ジャガイモ
	タマネギ				
ナス ミニトマト ピーマン シシトウ エダマメ（晩生） リーフレタス ゴボウ シソ ショウガ サトイモ トウガラシ ニラ	ブロッコリー トウガラシ ミツバ セリ ニンジン ネギ ワケギ ニラ 食用ギク リーフレタス シソ ショウガ	ハクサイ ミズナ ネギ キャベツ メキャベツ カリフラワー ブロッコリー チンゲンサイ コマツナ ダイコン セリ ワケギ コカブ ラディッシュ ホウレンソウ ニンジン シュンギク レタス 食用ギク セルリー ミツバ リーフレタス	ハクサイ ミズナ キャベツ メキャベツ ブロッコリー チンゲンサイ コマツナ ダイコン ホウレンソウ ネギ 結球レタス ヤマトイモ		
支柱の整理 秋野菜の畝作り 軟弱野菜に寒冷紗を被覆		軟弱野菜にビニールトンネルを掛ける	作付け計画	畑の整理	ジャガイモの畝立て

市民農園の一二か月

最後に、私が借りている市民農園の一年を紹介します（表6）。月ごとにどんな作業をして、なにが収穫できるのか、多少ほかの人とは違っているところもありますが、これから野菜づくりを始める方には、菜園の一年間をイメージしてもらえると思います。

三月下旬の作業

▼ジャガイモ植えつけとボカシ肥の仕込み

三月にはジャガイモの植えつけ作業をします（六一頁）。ジャガイモは毎年畑の南端につくっているので、植えつける面積だけ整地して畝を立てます。

また三月下旬、少し暖かくなってきたらボカシ肥の仕込みを行ないます（五七頁）。寒い時期に行なうと十分に温度が上がらず発酵に時間がかかってしまいます。同じころ、一月に仕込ん

表6　菜園の

	4月	5月	6月	7月	8月		9月
土づくりと施肥	畑を整地 石灰施用 元肥施肥 落ち葉堆肥を畝間に埋める		果菜類の追肥	果菜類の追肥	果菜類の追肥		秋野菜の元肥施用
播種作業	ゴボウ サトイモ	キュウリ エダマメ インゲン ショウガ トウモロコシ		エダマメ（晩生） ワケギ ニンジン			コカブ リーフレタス
定植作業		ナス トマト ピーマン シシトウ トウガラシ キュウリ カボチャ オクラ シソ エダマメ スイカ		セルリー ネギ	エダマメ（晩生） メキャベツ		ハクサイ キャベツ カリフラワー ブロッコリー ミツバ レタス セリ
収穫作業	春ダイコン 春キャベツ	アシタバ ソラマメ エンドウ イチゴ ニラ ギョウジャニンニク アスパラガス タマネギ 春ダイコン	ジャガイモ インゲン ソラマメ エンドウ イチゴ アシタバ エダマメ ニラ アスパラガス	ナス トマト ピーマン シシトウ キュウリ カボチャ トウモロコシ オクラ インゲン エダマメ シソ ミョウガ ショウガ ニラ	ナス トマト ピーマン シシトウ 葉トウガラシ キュウリ カボチャ スイカ トウモロコシ オクラ インゲン エダマメ シソ ミョウガ	ショウガ アシタバ ニラ	ナス ミニトマト ピーマン シシトウ アシタバ ニラ シソ
その他の管理作業	春夏野菜の畝立て ソラマメの病害対策 畝にシルバーマルチ	支柱立て トマトの雨よけトンネル	果菜類の誘引と剪定 サトイモの土寄せ	キュウリなどの病害虫対策 カボチャ、スイカの授粉	サトイモやナスに給水		ゴボウの土をネギに戻す 支柱の整理 秋野菜の畝作り

※雑草を取り除くのは年間通して行なう

だ落ち葉堆肥の切り返し作業も行ないます。

これから畑を借りる方は、もう当選の連絡がきていて、心弾ませている時期でしょうか。第2章を参考にしっかり作付け計画を立てておきましょう。

春間近にボカシ肥を仕込む。桜の開花時期恒例の準備

◉菜園に必要な道具・農具

家庭菜園を新たに始める方は、道具をそろえなければいけません。といっても、大そうなものは必要ありません。一〇〇円ショップで揃うものもあります。私が使っている道具は次のとおりで、なかには自分で作っているものもあります。

①**スコップ**：土を掘るのに使います。

②**小さいスコップ（移植ごて）**：苗の植えつけに使います。

③**鍬**：畑を耕したり、畝を立てたりするのに必要です。

④**剪定バサミ**：野菜の収穫や、果菜類の剪定に使います。

⑤**支柱**：背の高い野菜が倒れないように支える棒です。長さ一五〇㎝以上の太い支柱が安定しやすくおすすめです。私は一五㎡で補助用も含めて四〇～五〇本ほど使っています。

⑥**ヒモ**：支柱の固定や枝の誘因に必要です。しっかり結べる太めの麻ヒモがおすすめです。

⑦**バケツやジョウロ**：水やりに使います。バケツはボカシ肥作りや水溜めにも利用しています。

⑧**マルチフィルム**：畝に敷いて雑草が生えるのを防いだり、地温を高めるのに使います。

私は基本的に春夏野菜には黒マルチを使い、秋冬野菜には雑草は防げませんがより地温を高めてくれる透明マルチを使っています。秋冬は雑草がそれほど問題にならないので透明マルチが適していると思います。また、稲わらや落ち葉堆肥、刈り取った雑草や収穫残さなども有機物のマルチ資材として利用できます。

⑨**被覆資材**：植えつけ後の野菜を覆って虫を防いだり、温度や湿度を保つ働きがあります。また、播種直後は雨で種が流れたりするのを防ぐ働きもあります。春から秋はパオパオなどの不織布を使い、十二月になったら保温性を高めるためにビニールフィルムでトンネル栽培にしています。

⑩**ネット**：キュウリや小玉スイカのツルを誘引するのに使います。

これらは一度に揃える必要はありません。必要に応じて順次揃えればいいでしょう。農園によっては、道具をそろえてある場所もあります。また、以下は自分で作って使っているものです。

①**土の鎮圧板**：畝を平らにしたり、鎮圧するための板として使っています。マルチをかけるときに畝の角の形を整えるにも便利です。ホームセンターで端切れ板を購入して作りました。合板は湿気を帯びるとノリが剥がれるので一枚板をおすすめします。

②**苗の添え木**：苗の定植時、活着するまでの苗を支える仮支柱を立てます。私は割りばしを二本継ぎ合わせて仮支柱として利用しています。タコ糸でき

つく縛って作り、使用後は洗って保管すれば三年くらいは使えます。イモ類を植えてマルチをかけたら、その場所に立てておいて植えつけ場所の目印にもしています。

③マルチの固定具：畝に張ったマルチを固定するために使います。ハンガーと水道のホースを利用して作っています。土をのせて固定するよりも、追肥の際にマルチをめくりやすく、破れることも少ないのでおすすめです。

④マルチの穴あけ器：マルチに定植穴をあけるために使います。ジュースなどのスチール製の空き缶を利用して自作しています。カッターで穴をあけるよりも効率的で、マルチを破きません。

上からジョウロ、クワ、スコップ、手作りの仮支柱、麻ヒモ。手前左から手作りの鎮圧板、収穫ナイフ、収穫バサミ、移植ごて、マルチの穴あけ、ペットボトルの苗保護キャップ

左上から支柱、マルチどめ、トンネル用ビニール、ツル野菜用ネット、シルバーマルチ、透明マルチ、黒マルチ、不織布（パオパオ）

四月の作業

新しい菜園生活のスタート

本格的な野菜づくりをスタートする季節です。四月初旬には畑の整地と苦土石灰の散布を行ないます。私の場合は、畑の隅に苗床のネギや、植えつけたばかりのジャガイモ、それから前年に植えつけたソラマメ、エンドウなどが植わっています。作業はそれらを避けて行ないます。

まずゴミや前作の残さを片づけ、カマやスコップで雑草を根から抜きます。ゴミを除いた雑草や残さは集めておき、後日落ち葉堆肥と一緒に畝間に埋めてしまいます。

次に苦土石灰一・五kg（一㎡あたり一〇〇g）をまんべんなくまいて、畑全面をクワで耕して土に混ぜ込みます。

翌週、全面元肥としてボカシ肥を六kg（一㎡あたり四〇〇g）を施して、またクワで浅く耕して畑全面に混ぜ込みます。元肥施用がすんだら菜園マップに従って畝の位置を定め、畝間を掘って落ち葉堆肥を埋めます（五五頁）。畝間に落ち葉を埋めたら畝を立て、黒マルチを張って覆います。

これで畑の準備は完了で、翌週からは野菜苗の定植や播種が可能になります。四月の最終週には、サトイモの植えつけ（七二頁）とゴボウの袋栽培の準備、播種を行ないます（六八頁）。

四月は、前年の秋に定植した春キャベツと二月に種をまいた春ダイコンが収穫できます。また、前年より栽培の続いている永年作物ゾーンの草取りやソラマメなどの誘因作業も行ないます。

新しく畑を借りて四月に菜園生活をスタートさせた方は、三月中にジャガイモを植えつけることはできません。四月上旬ならまだ間に合いますので、場所を決めたら苦土石灰だけほどこして、急いで植えつけましょう。

◉「まずは苗を買いに」は大間違い

市民農園の使用開始は、一般的には四月一日からだと思います。そこで、四月になるとさっそく野菜苗を買いに行く、という方も多いようですが、これは失敗の元ですからやめましょう。

たしかに四月になると、園芸店にはトマトやナスなど、春夏野菜の苗がたくさん並んでいます。でも苗が売られているからといって、その時期が植えつけの適期とは限りません。一般的に野菜の苗は植えつけ適期よりもかなり早くから店頭に並んでいます。近年はとくにそういう傾向が強いようです。

四月上旬は私が畑を借りている埼玉県ではまだ地温が低くて、このときに野菜苗を買って植えつけても、地温が十分に上がった五月の連休中に植えつけても、収穫が始まるのはほぼ同じです。また、四月上旬はまだ遅霜の心配

*菜園の一年

1月

収穫を終えた畝に落ち葉堆肥を積む

3月

果菜類の植えつけに向けて畑の準備

5月

果菜類の定植直後

7月

夏野菜の収穫が始まる

10月

畑の主役は秋冬野菜に

もあります。周りの人が植えつけを始めていても焦る必要はありません。苗の購入と植えつけは五月に入ってからで十分です。

◉野菜苗の定植

果菜類の定植は、苗を買ってきた日のうちに行ないます。畝にはマルチが張ってあるので、植えつけ位置に穴をあけて苗を植えつけます。

一般的には植穴に水を注いで、そこに苗を植えつけ、定植後にまた水をやることが多いようですが、私のやり方は違います。私は、買ってきた苗をポットごと、水を張ったバケツに入れて、ポットの中の空気がゴボゴボと抜けるまで浸します。数分後、ポットの中まで十分に水が浸みこんだら外に出し、二〜三時間日陰に置いてから植えます。定植後の水やりも行ないません。

午前中に定植した苗は、午後見に行くとしおれていますが、夕方にはピンとしてきます。そして晴天ならば翌日からまたしおれるのですが、三〜四日後には活着し、しっかり立ち上がってきます。苗が自分で根を伸ばし、水を吸い始めた証拠です。最初にちゃんと根を伸ばした苗は、その後も根をどんどん伸ばして水も栄養も自分で補給できるようになります。しおれるたびに水をやっていたのでは、苗は自分で根を伸ばすこともなく、ちょっとした乾燥にも弱くなってしまいます。これは人間の子育てと同じではないでしょうか。

基本的には、生育中もナスとサトイモ、ショウガのゾーン以外には水やりをしません。

左は定植翌日のハクサイで、乾いてしおれている。右は3日後の様子。無事に活着して葉を広げている

◉被覆資材の利用

播種や苗の植えつけ後には、畝や苗を資材で被覆するようにしています。

マルチもべたがけ資材も、使わなくてももちろん野菜はつくれますが、毎日畑に行けない方には、ぜひ活用をおすすめします。

春や秋はパオパオなどの不織布を使い、冬場には透明なビニール資材を使います。目的は害虫被害の防除と保温、土壌湿度の保持や防風などです。

寒冷紗によるべたがけは、畝に密着するように被覆する方法と、ポールや支柱を使って作物との間に空間をつくる浮きがけとがあります。

ニンジンや小さな葉菜類などは栽植密度が高くてマルチの使用が難しいので、畝ごと資材で覆ってしまいます。

果菜類などは、肥料袋の底を切り開いて支柱で囲ってやるだけでも暴風や強い日射、急な低温から守ってやることができます。

パオパオでべたがけ（直がけ）した軟弱野菜。春先の保温や害虫よけになる

五月

▼苗の買い出しと夏野菜の植えつけ

毎年ゴールデンウィークには、園芸店に春夏野菜の種と苗を買いに行きます。待ちにまった夏野菜の植えつけ時期で、家庭菜園愛好家にとっては、一番心が弾む季節です。

園芸店にはさまざまな野菜苗が並び、あれもこれも育てたくなってしまいます。園芸店には春先に作っておいた菜園マップを持って行き、買いすぎには気をつけましょう。最近は苗の売り出しが早くなり、ゴールデンウィーク明けにはお目当ての野菜苗が売り切れてしまう場合もあるので注意が必要です。また、初めての方は支柱を買い忘れないように気をつけてください。

五月は、春夏野菜の植えつけのほか、前年度に植えつけたソラマメやエンドウ、ニラやアシタバ、イチゴなどの収穫物もあります。

〈病害虫も雑草もテデトール〉

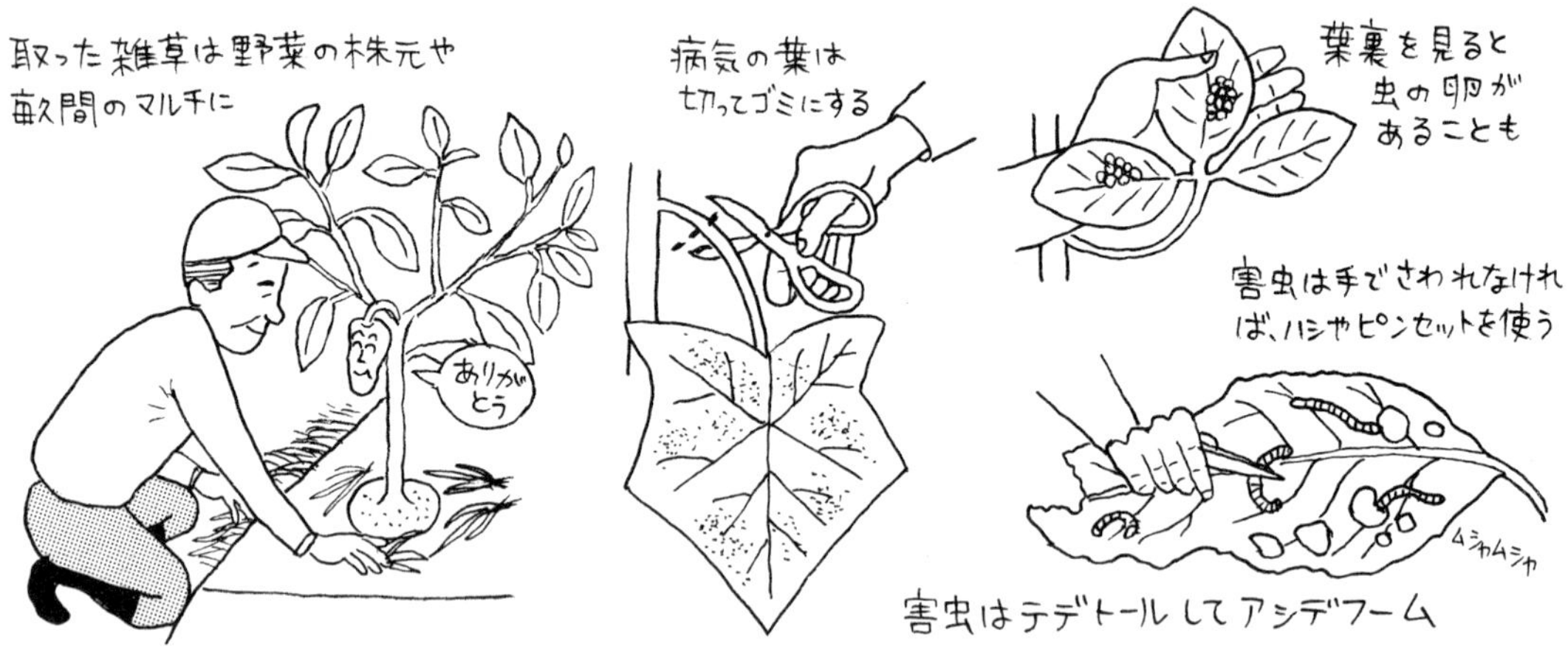
取った雑草は野菜の株元や畝間のマルチに
ありがとう
病気の葉は切ってゴミにする
葉裏を見ると虫の卵があることも
害虫は手でさわれなければ、ハシやピンセットを使う
ムシャムシャ
害虫はテデトールしてアシデフーム

六月

▼梅雨入り。雑草も元気に

梅雨の時期です。野菜は生育が旺盛になり、菜園は週末ごとに姿を変えます。ジャガイモやツルなしインゲンのほか、前年秋に植えたタマネギやソラマメ、エンドウも収穫期を迎えます。

ただし、雑草も野菜以上にぐんぐん伸びて驚かされます。雨の多い時期ですが、週一コースの方はカッパを着てでも畑に足を運びましょう。そしてせっせと雑草を取って、なるべく畑をきれいに保ちましょう。除草は周囲の方とうまくやるうえでとても大事な作業です。刈った雑草は捨てずに、黒マルチや畝間に重ねておきます。梅雨が明けて気温が上がったときの直射日光を和らげ、地温が急上昇するのを防いでくれます。

果菜類は生育に合わせて、伸びてきた枝を支柱に結びます。誘引をしないと枝が下がって樹勢が落ちる原因となります。トマトやナスでは脇芽をかいて、枝を整理するようにしましょう。サトイモには土寄せを行ないます。

下旬にはキュウリやナスなどの果菜類の収穫が始まりますが、初収穫はなるべく早いほうがいいでしょう。初収穫が遅れると実に養分を奪われて樹勢が鈍り、その後の生育にひびくようです。

七月

▼本格的な収穫の始まり

引き続き雨の多い時期です。菜園の野菜は枝葉を伸ばし、うっそうとしてきます。つい二か月前は土色だった菜園も、七月になると緑に覆われて土は見えなくなります。

梅雨が明けるとトマトやナス、ピーマンやシシトウなど、夏野菜がどんどん収穫できるようになり、菜園に通うのがとても楽しみな時期です。収穫で

梅雨が明けるとナスやトマト、シシトウがどんどん採れ始める

きる品目もぐっと増えて家族にも喜ばれます。エダマメやトウモロコシは、収穫したてを茹でると市販のものとは比べ物になりません。驚きの美味しさを保証します。これを味わったら家庭菜園にかける情熱もいっそう高まることでしょう。

　キュウリやトマトでは、週一コースの方はとくに早めの収穫を心がけて、樹に負担をかけないようにしましょう。生長が早いこれらの野菜は、翌週にはこれでもかと肥大してしまいます。オクラも収穫が遅れると硬くなってしまいますので要注意です。

　収穫の際には、果菜類の脇芽かきや誘因、剪定も行ないます。生育が旺盛な時期だけに欠かせない作業になります。また、気温が上がって、雑草の勢いも増していきます。引き続き雑草抜きを頑張って、抜いた草は黒マルチに重ねて草マルチとします。雑草マルチの材料を集めていると思えば除草作業も苦になりません。

　七月後半からは本格的な夏の始まりで、病害虫の発生も目立つようになります。無農薬で頑張りたい方には〝テデトール〟をおすすめします。害虫や病気の葉は手で取るに限ります。

　育苗しておいたネギの定植のほか、ニンジンや晩生エダマメの播種を行ないます。

八月

▼夏野菜の収穫最盛期

　収穫物の多い時期です。食卓は自分がつくった野菜でいっぱいになり、採りたて野菜をつまみにビールを飲めば日頃のストレスも吹っ飛んでしまいます。

　八月は剪定や追肥の作業はありますが、七月に比べ農作業の量は減ります。あまりの暑さにまいるのか害虫の発生も減って、戦いも一時休戦です。キュウリやインゲン、大玉トマトなどの収穫も終わりを迎えます。エダマメも中生の収穫が終わり、晩生のエダマメを定植します。

果菜類は下葉が黄色くなって枯れ上がってきたら収穫終了のサインです。株を片づけて畝を整え、秋冬野菜の植えつけ準備を始めましょう。野菜の残さはすべてをゴミにするのではなく、畝間の有機物マルチとして利用したり、土嚢袋に詰めて発酵させて堆肥に利用したりできます。ただし、病気にかかったものなどはゴミとして処分します。

忘れてはいけないのが台風対策です。八、九月は台風がやってきます。支柱や誘引を締め直すなど強風に備えてください。大きな台風の直撃が事前にわかっている場合は、風を受けないように誘引をほどいて作物を倒してしまう手もあります。強い風でトウモロコシが倒れることもあるので、支柱で支えてやるなど対策をとってください。

畑での作業は本当に暑いので、熱中症にならないように十分に対策をしてください。私は五時に起きて畑に行き、日中の作業は避けるようにしています。

また八月は夏休み、盆休みがあります。旅行に出かけるなどして二週間も行かないと畑は大変な状態になってしまいます。そういう場合は、事前に果菜類などの小さな実や花も全部落としてしまいます。トマトの脇芽かきやナスの剪定、雑草抜きもばっちりやっておきます。それでも二週間後にはまたうっそうとし、畑はひどい状態になってしまっていますが、その後の管理でしっかり回復するので心配はいりません。家族との余暇を楽しんでください。

収穫に行かないとこのとおり。硬くなったオクラやおばけキュウリがお出迎え

キュウリの雌花。しばらく畑に行けないときは、みんな落としてしまうといい

◉水やりは思いきり

八月は気温が上がり、雨が降らないと野菜がしおれてきます。心配してせっせと水やりをしている人を見ますが、私はナスとサトイモ以外には基本的に水やりをしません。

作物にもよりますが、農家は畑に水やりをしません。広い畑ではそもそも水やりができないことも多いのです。九二頁でも紹介しましたが、育苗や定植時から野菜を鍛えてやって根を深く張らせ、多少の水不足にも困らないようにするのです。

じつは、ジョウロで水やりをしたくらいでは土の深くまで水が届きません。表面は濡れていても、水が届くのは地表数cm程度です。定期的にこのような水やりをしていると、野菜は地表近くに根を張るようになり、ちょっとした乾燥でダメージを受けてしまいます。

性質上定期的な水やりが必要なサトイモとナスには、ジョウロではなくバケツで思いきり水をやるようにしています。目的は給水ではなく、野菜の吸水なのです。畝にはマルチが張ってあるので畝間の通路にがぶりと水を注ぎます。八月になるとナスなどは隣の畝にまで根を伸ばしていますから、株元にやらなくても大丈夫です。

私の畑に水道は備えられていないので、四・五ℓの焼酎ペットボトルで水を運び、畑の片隅には雨水を溜めるポリタンクも置いています。

焼酎
4ℓの焼酎ボトルにジョウゴをさして、雨水を溜めている

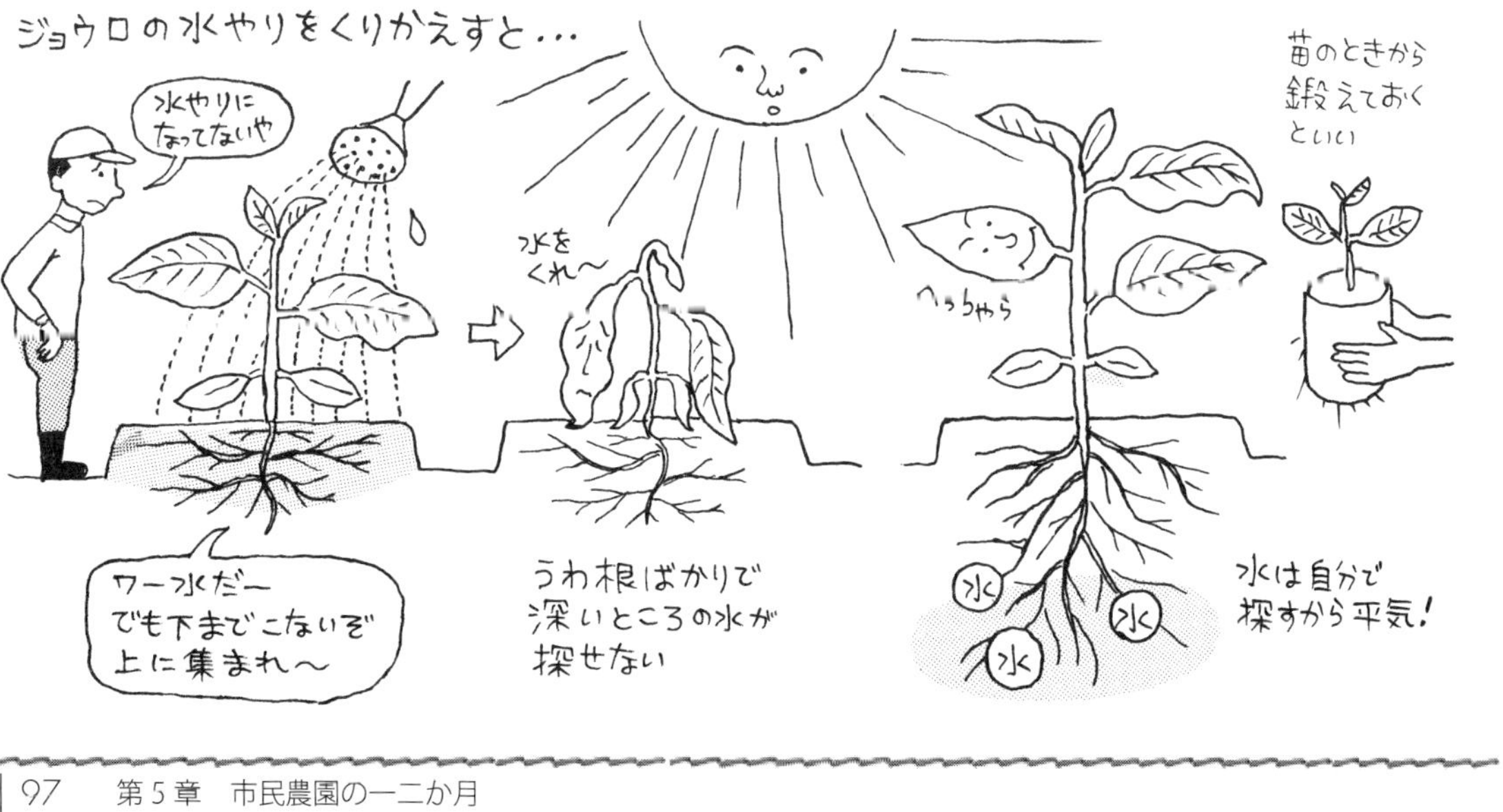
ジョウロの水やりをくりかえすと…
水やりになってないや
ワー水だー
でも下までこないぞ
上に集まれ〜
水をくれ〜
うわ根ばかりで
深いところの水が
探せない
へっちゃら
水
水
水
苗のときから
鍛えておく
といい
水は自分で
探すから平気!

九月

▼秋冬野菜へと畑の主役が交代

　五月に植えた春夏野菜は、ナスやサトイモ、ピーマンなど一部を除いて収穫を終え、ハクサイやキャベツなど秋冬野菜の植えつけを行ないます。

　春夏野菜の株を抜いたら畝は崩さず黒マルチをはがし、必要な野菜には苦土石灰や元肥を施して表面だけを軽く耕し、新しい透明マルチを張ります。第4章で紹介したように、ハクサイやキャベツなどのコンスタントタイプの野菜には元肥を施しますが、コカブやリーフレタスには元肥を施さず、苦土石灰を施して表面を整えたらそのまま種をまきます。春夏作の野菜はコンスタントタイプ、もしくは尻上がりタイプが多いので、畝にはそれらに施した肥料が残っていると思います。

　秋野菜の成功には害虫対策が欠かせません。八月の猛暑にいったん少なくなる害虫も、九月後半に気温が和らいでくると再び活動を始めるのです。ハクサイやキャベツ、ブロッコリーなどのアブラナ科野菜はとくに害虫が多いので要注意です。ある程度大きくなってくればそれほど問題となりませんが、小さいうちに被害を受けないよう、定植直後にパオパオなどの被覆資材でトンネルをつくって覆うようにしています。

　タマネギの播種時期ですが、私は苗を買って十一月に植えつけています。

春夏野菜の収穫を終えた畝から片づけて、秋冬野菜の準備をする

◉種のまき方と保存

秋野菜は、コマツナやホウレンソウなど、種から育てる野菜が多くあります。種袋を買うと、ダイコンならば二〇〇～五〇〇粒、ホウレンソウやコマツナなら三〇〇〇～五〇〇〇粒も入っていますが、狭い畑では使う種はほんの少しです。

余ってしまうのでついつい厚まきになりがちですが、密にまいてしまうとひょろひょろ生育になりやすく、間引きの際に残す苗を傷つけてしまうこともあります。なるべく薄くまくようにして、ばらまくのではなく、ひと粒ずつまくつもりでていねいにまきましょう。

ネギの種のように非常に小さい種の場合は、土に混ぜて一緒にまいてやるといいでしょう。

余った種は保存することができます。種袋の裏面を見ると、それぞれの有効期限が記してあります。これは種苗会社が設定した「高い発芽率が期待できる期間」なのですが、茶葉の空き缶などに乾燥剤と一緒に入れて密封し、冷蔵庫の野菜室で保管すれば、それよりも長く保存することも可能です。表7は各種野菜ごとに種の寿命を紹介したものです。

種まきは、事前にたっぷりと水をまき、土中深くまで土壌水分を高めておくのもポイントです。できれば種まきの前日や数時間前にやっておくといいでしょう。

種をまいて覆土してから水やりをする人がいますが、土が乾いたあとに固まって、発芽の障害となってしまいます。覆土後は散水せず、時間をおいてからグッと押さえつけて種と土を密着させます。覆土後すぐに鎮圧すると散水するのと同じことになってしまいます。

表7　種の寿命の目安

4～6年	ナス、トマト、スイカ
2～3年	ダイコン、カブ、ハクサイ、キュウリ、カボチャ、キャベツ、レタス、トウガラシ、インゲン、エンドウ、ソラマメ、ゴボウ、ホウレンソウ
1～2年	ネギ、タマネギ、ニンジン、ミツバ、ラッカセイ

箱庭で採れた収穫物。冬の鍋ものに大活躍する

十月
▼お正月野菜の自給を

ナスやサトイモ、ミニトマトなど最後まで残った春夏野菜も十月中にはすべて収穫を終えます。支柱もほとんどを片づけて、葉が生い茂って立体感のあった畑はずいぶんスッキリとします。

九月に引き続き、空いた畝の片づけと秋冬野菜の種まき、植えつけ作業です。ホウレンソウやシュンギクなど、九、十月に植えつけた野菜が冬の鍋ものや、お正月の煮物の素材となります。食べたい野菜を選んで準備しておくといいでしょう。

また、冬をまたいで翌年に収穫を迎えるソラマメやエンドウなどのマメ類、春ダイコンや春キャベツなども十月に種をまきます。市民農園を借りていて、翌三月に畑を返さなくてはならない人は、コマツナやミズナなど生育期間が短いものを植えるといいでしょう。

九月に植えた野菜同様、植えつけをしたら被覆資材で覆うようにします。私は、シュンギクやコマツナ、ラディッシュやチンゲンサイなどは、ひとつのゾーンにそれぞれ座布団一枚分ずつくらい種をまいて、まとめてトンネルをかけるようにしています（八二頁）。

ホウレンソウだけは酸性の土を極端に嫌うので別に畑を用意して、苦土石灰一〇〇g／㎡をまいてから播種しています。

十一月
▼タマネギの植えつけ

上旬にタマネギの苗を購入して定植します（八四頁）。これが、その年最後の植えつけ作業となります。

収穫物は多く、七月に播種したニンジンやワケギのほか、九月に植えつけ

年末に収穫したネギやダイコン、キャベツ、ハクサイ、シュンギクなど。お正月の野菜はほとんど自給できてしまう

たリーフレタスやブロッコリーの収穫も始まります。収穫ついでに時期をみて、結球葉菜類などコンスタントタイプ野菜の追肥も行ないましょう。

十二〜一月
▼作付け計画と落ち葉堆肥作り

ハクサイやキャベツ、ミズナやホウレンソウなどなど秋野菜の本格的な収穫を迎えます。鍋料理やお正月の野菜など、わが家ではほとんどを自給できてしまいます。一年の成果を家族でじっくり味わう季節です。

畑での作業は間引きや収穫くらいです。寒くなって虫もいなくなるので、寒冷紗などの被覆資材をはずして、保温効果を高めるためのビニールトンネルに代えましょう。

お正月を過ぎたら、春からの作付け計画と菜園マップ作りをします。春に始まる野菜づくりを思い浮かべながら机に向かうと、とてもうきうきします。

また、落ち葉堆肥作りもこの時期の大切な仕事です（五二頁）。公園や街路で落ち葉を集め、畑で落ち葉堆肥を仕込みます。寒いので外に出たくない日もありますが、ここでの頑張りが春からの野菜づくりを左右すると思っています。

二〜三月
▼畑の片づけとボカシ肥作り

収穫物はなくなり、春からの新しい野菜づくりに向けて準備を始める時期です。二月頭、冬をまたいでつくっている春野菜のゾーンを残して、畑全面を耕起します。クワで畝を崩し、畝間に埋めた落ち葉堆肥が畑全体に広がるように、耕しながら広げます。

そして二月中旬にはネギの苗床をつくって種をまきます。三月にはジャガイモの植えつけもしますので、遅くとも二月の頭までには作付け計画ができ

自分でつくった野菜で食卓がにぎわうのは本当に幸せです。みなさんも失敗をおそれずにぜひチャレンジしてみてください。
ハクサイ漬け
鍋料理
ホウレンソウのごまあえ
最後まで読んでくれてありがとうございました！
青菜のおひたし
ふろふきダイコン

ていないといけないわけです。

それから、少し暖かくなってきた三月後半のボカシ肥作りや、落ち葉堆肥の切り返しも大切な作業です（五四頁）。私は年間に使う肥料の半分は自作のボカシ肥で補っているので、欠かせない作業です。四月以降の本格的な畑仕事を前に、これらの準備は三月中に終えてしまいます。

市民農園を借りていて契約がその年度限りである場合は片づけ作業をしなくてはいけません。野菜が残っていたらすべて収穫し、収穫残さや雑草を取り除いて畑をきれいにして返しましょう。

あとがき

私が野菜づくりを始めたのは四十代も終わろうとしているころでした。農文協から出た『百姓入門記』という本を読んで、以来三〇年以上の間、市民農園で毎年野菜づくりに励んでいます。

軽い気持ちで申し込んだ貸し農園でしたが、いつのまにか野菜づくりは私の生きがいになっていました。二〇一一年の春、食道にガンがあることがわかり、治療のため一か月間の入院をすることになりました。家族に心配されながらも本人は病気そっちのけで、入院前日まで畑に行って種まきや苗の植えつけをやり、入院中もインゲンは発芽しただろうか、芽が出なかったジャガイモは無事だろうか、などと畑が気になり、外泊できるとなれば真っ先に畑に向かって、家内に呆れられたほどでした。

野菜への愛情が通じたのか、失敗ばかりだった野菜づくりも、最近はどうにかこうにか満足のいく収穫が得られるようになってきました。最初は曲がったキュウリも虫喰いのキャベツも、自分でつくったものならなんでも美味しく食べていましたが、だんだん職場の同僚や家族や孫など、みなに認められる野菜をつくりたいという欲も出てきました。東京の大手町にある農業書センター（農文協直営）に勤務しているときに、たくさんの家庭菜園愛好家と出会えたことも刺激になりました。

本書で紹介したのは、私が経験した失敗と、それを乗り越えるための試行錯誤からうまれた工夫の数々です。最近、定年退職した人や、勤めながらの土日ファーマーなど、貸し農園にチャレンジする人が増えていますが、そういう方々に長く野菜づくりを楽しんでもらいたいと思って書きました。

かくいう私もまだまだ毎年一年生です。本書を書いている間にも長年の思い違いに気づいたり、次はああしよう、こうしようというアイデアが湧いてきました。野菜づくりに答えはないようです。本書を参考に、読者のみなさんがそれぞれの畑で試行錯誤していただければ幸いです。

企画・構成より、農文協の編集担当者にはたいへんお世話になりました。ここに感謝します。

◉著者略歴

斎藤　進（さいとう　すすむ）

1934年樺太恵須取町で生まれる。
1941年国民学校に入学、14歳で北海道に引き揚げる。
1950年北海道新冠町滑若中学校卒業。
1953年北海道静内高等学校卒業。
1959年法政大学経済学部卒業、同年（社）農山漁村文化協会に入会。
2010年に同協会を退職、専業家庭菜園家となる。

『百姓入門記』（農文協刊）に刺激され1981年に東京都板橋区で区民農園を始める。1996年からは転居先の埼玉県さいたま市にて市民農園を続け、家庭菜園歴は約30年になる。2018年没。享年83歳

本書は『もっと上手に市民農園　4.5坪・45品目　小さな畑をフル活用』（2012年、農文協刊）を大判・カラー化したものです。

イラスト：橋﨑洋子

もっと上手に小さい畑
―― 15m² で 45 品目をつくりこなす

2023 年 2 月 5 日　第 1 刷発行
2024 年 4 月25日　第 3 刷発行

著　者　斎藤　進

発行所　一般社団法人　農 山 漁 村 文 化 協 会
〒 335-0022　埼玉県戸田市上戸田 2 丁目 2-2
電話　048（233）9351（営業）　048（233）9355（編集）
FAX　048（299）2812　振替　00120-3-144478
URL　https://www.ruralnet.or.jp/

ISBN 978-4-540-22148-4　DTP／ふきの編集事務所
〈検印廃止〉　印刷・製本／TOPPAN（株）